Chats errants, solutions agréables à toutes personnes

Guide pratique pour les maires, élus, refuges, fourrières, associations, et particuliers concernés par les chats

"Chats au jardin"

Guide complet dans la collection "Chats, solutions aux soucis de voisinage, santé, comportements, tout ! "

D'autres livres dans cette collection sont :

"Soins naturels pour les chats"

"Relations chats-humains"

Livre écrit par **Michelle Compton** pour l'association **Jardins félins**.

Site internet : foyerfelin.free.fr

Première impression : juin 20015

2

Dédié à tout le peuple *Felis [blabla] domestica* et les humains qui assument le responsabilité de leur propre espèce envers les chats.

Sommaire

Introduction :

- ¤ Le problème
- ¤ Les sources du problème
- ¤ La solution
- ¤ Les bienfaits de la stérilisation

Politiques et chats errants :

Les plus récentes nouvelles

Politique de la ville : pour arrêté municipal "Chats Errants"

Actions mises en place par les mairies (toujours plus nombreuses)

L'effet aspirateur, la nature déteste le vide

Lettres municipales

L'utilité des chats pour la commune

A propos de la Loi

Nuisances et hommes (ou femmes) nuisibles

+++ Retirer d'urgence les chats d'un tortionnaire +++

Australie

Votre Jardin :

Vous ne voulez pas voir de chat ?

Assistance pour le trop de chats "ici"

Les ruses du jardinier (contre les grattages, crottes, bruits, traces)

Favoriser les oiseaux

Éliminer les limaces

L'utilité des chats au jardin

Protection des chats au jardin :

Mon jardin est félin

Clôtures pour chats

Témoignages

Fenêtres

Balcons

Chalets-chats

L'histoire du chat, ses origines

Citoyens :

Chat à placer ?

Vous nourrissez des chats dehors ?

Lettre voisinage

Trouvé ! Tout chat a eu un maître

Questions - Réponses

Missions accomplies exemplaires

Logement

Vacances

Maisons de retraites

Fourrières :

Vous n'êtes plus obligé de tuer

Associations - Réussir votre association de proximité :

Vos premiers pas : préparation avant déclaration

Votre accord vétérinaire

Votre plan de financement

Vos relations publiques

Demandes d'aide

Effet maximum

REFUGES ne tuez pas : ("GO NO KILL") :

Donnez un choix aux plaignants

Vous pouvez faire cesser ces tragédies

Pour ne plus recevoir de plaintes

Comprendre les comportements du chat

Améliorer la santé des chats pour éviter d'avoir des malades

Vos installations

Augmenter le nombre d'adoptions

Réduire le nombre d'abandons

Encourager le bénévolat

Trappage, Transit et Territoire.

Exemples de textes pour dépliants :

1). Je suis votre contact pour tout souci de chat errant

2). Fermes

3). Vous et les chatons

4). Une chatte de 6 mois (Elle va vous échapper !)

5). Une chatte errante (Mérite-elle cela ?)

6). Né pourquoi ? (La calcule est vite fait.)

POST SCRIPTUM

INTRODUCTION

Assistance pour le trop de chats "ici"

Les paragraphes suivantes donnent les solutions pour ceux qui veulent voir "moins" ou "plus aucun" chat.

Que ces chats soient dans les villes, les fermes, les jardins, les associations, les refuges ou à la fourrière, l'association "Jardins félins" renseigne gracieusement toute personne, organisme, administration, entreprise ou établissement qui le contacte.

Pour économiser votre temps, vous éviter des soucis, et instaurer la tranquillité dans votre quartier, contactez "Jardins félins" par émail à foyerfelin@gmail.com

Le problème :

Beaucoup plus de naissances de chatons que de foyers disponibles pour les accueillir.

On trouve des chatons morts de froid, de faim, tués par une voiture.

Les abandons des milliers de chats chaque année.

Les refuges qui en acceptent, sans essayer de résoudre des soucis des particuliers, en tuent en tout illégalité, certains ne sont même pas capables d'expliquer où sont passés des animaux qui leur ont étaient confiés.

Les personnes qui nourrissent des chats, sans faire stériliser, troublent la tranquillité publique dans leur voisinage.

Les sources du problème :

Les personnes qui n'ont pas encore fait stériliser leurs chattes.

Une portée de chatons par femelle est trop pour que tous trouvent un foyer car les humains ne produisent pas autant et ne sont pas reproductifs à six mois d'âge !

Les personnes qui prennent un chaton sans prévoir de payer une stérilisation, qui est à prévoir pour quand le chaton aurait 6 mois (ou 9 mois pour un mâle).

Les personnes qui disent "c'est une chatte errante" tandis qu'ils le tiens à leur proximité en l'attirant avec la nourriture.

Les personnes et parfois certains refuges ou associations qui donnent des chatons sans les faire stérilisé d'abord.

Les personnes qui attirent des chats à traverser une route pour manger sont coupables de troubler la sécurité publique et occasionnent par imprudence et négligence la mort d'animaux domestiques (chatons principalement).

Les personnes qui achètent un chaton d'une animalerie ou d'un éleveur sont par ce fait en train d'encourager quelqu'un à en faire reproduire.

Les chats des particuliers qui ne les ont pas fait stérilisés, continuent à augmenter le nombre de chats entrants qui finissent en fourrière.

LA SOLUTION :

Chaque chat domestique dehors, haret ou errant, obtiens le plupart de sa nourriture d'un humain et ne survivrait pas un mois sans être nourrit.

Il serait inhumaine de ne pas nourrir les chats errants, mais cela ne fait qu'augmenter le nombre de morts à moins de les faire stériliser avant que d'autres chatons voir le jour.

La stérilisation chirurgical est moins coûteuse que les tueries, car tuer n'arrive jamais à réduire le nombre de chats à cause de l'effet vacuum naturel (principe selon lequel l'endroit où se trouve un biotope favorable permettra à une chatte fertile de venir repeupler).

Les chats des particuliers qui ne les ont pas fait stérilisés, continuent, **par effet domino** à augmenter le nombre de chats entrant en fourrière.

La SOLUTION, est de rendre obligatoire la stérilisation chirurgicale des chats adoptés et de définir l'adoption par le fait de nourrir un chat.

LA SOLUTION SERAIT DE RENDRE OBLIGATOIRE POUR CHAQUE PERSONNE QUI NOURRIT UN CHAT DE LA FAIRE STÉRILISER PAR LES SOINS D'UN VETERINAIRE CHIRURGIEN, QUE CE SOIT LEUR CHAT OU PAS, AU BESOIN CE PEUT ÊTRE AUX FRAIS D'UNE ASSOCIATION OU UNE AUTRE PERSONNE.

LA LOI actuellement assure cette obligation mais pour le savoir il faut connaître plusieurs lois, ce qui se résume comme suite.

Tout chat qui sort de l'habitation de son maître est "errant" aux yeux de la loi.

Les chats errants ne sont pas les chats "des autres" mais les nôtres dans le mesure où leur survie dépends de nous car nous les nourrissons.

Une chatte est donc la vôtre dès lors que vous la nourrissez.

Certaines lois sont bien fondées, il est illégale de nourrir des chats errants à moins qu'ils sont devenus les vôtres, car il n'êtes pas illégale à partir du moment où vous prenez la responsabilité de vos dépendants.

Une association s'occupant de stériliser les chats errants peut vous orienter pour les frais, les astuces de capture et si vous n'êtes pas véhiculé, le transport des chats.

Pour ne pas se retrouver avec des chatons des chatons que nous avons donné, nous ne donnons pas un chaton femelle avant de l'avoir fait stériliser.

La stérilisation des chats, apaise leurs angoisses, leur faim insatiable, et la morbidité.

C'est sympa et honorable.

Il est bien logiquement illégale d'occasionner la mort d'un animal domestique que ce soit exprès ou par négligence (comme laisser naître des chatons dehors), illégale aussi de les tuer, et illégale de les donner sans les avoir fait identifier tout un chacun.

Donc, les lois actuelles obligent déjà à faire stériliser les chats qu'on nourrit. Aussi, à faire stériliser les chatons, ou de payer l'identification afin de les filer à quelqu'un d'autre (avec remboursement de vos frais, cette somme empêche les trafiquants de s'y intéresser).

Les 450 associations concernées souhaitent que le gouvernement de supprimer la TVA sur le seul acte de stérilisation chirurgicale et de fixer le tarif maximale de cet acte.

Pour faire de belles histoires, il faut agir.

Solutions pour les entreprises : Les entreprises avec quelques chats stérilisés ont une ambiance détendue et de meilleures relations avec leurs clients et le personnel.

Les chats adultes stérilisés éloignent les rongeurs.

Sans portées ils ont le temps et l'énergie pour jouer et patrouiller leur territoire, sans chatons ils seront calmes et propres et ils vivent environ 20 ans.

Plutôt que d'empoisonner les rats chaque année, gardez quelques chats (il suffit qu'ils soient stérilisés).

Vous pouvez faire stériliser les chats existants sur place, ou, clôturez puis nous installerons un groupe de chats stérilisés.

Si un autre chat errant arrive, il suffit de recontactez l'association pour le faire stériliser ainsi il n'y aura pas de souci.

Les bienfaits de la stérilisation :

La stérilisation chirurgicale est la solution humanitaire pour faire cesser les tueries de chatons chaque année sur les routes et partout où les réactions cruelles surgissent face à la surpopulation de chats.

Il s'agit d'une intervention chirurgicale bénigne et brève pratiquée par les vétérinaires.

Les chats sont ensuite heureux car ils ne connaissent plus les anxiétés des chats fertiles.

Les chats stérilisés ne savent pas qu'ils ont été castrés, rien ne leur manque.

Les chats stérilisés se contentent de moins d'espace et sont plus attentifs et joueurs.

Même une seule portée par chatte ferait trop de chatons car il n'y pas assez de foyers.

Être fertile expose ton chaton aux MST, réduit l'espérance de vie et la qualité.

La stérilisation est essentielle si vous ne voulez pas ajouter à la souffrance des chats et chatons sans foyer, car il n'y a pas assez de foyers.

En 2016, un sur douze chatons entrés dans les refuges a trouvé un foyer, les autres ont été tués.

Une femelle allaitante s'occupe mieux de ses petits une fois stérilisée et allaite plus longtemps.

Dans les SPAs les jeunes chats abandonnés (à cause des personnes qui laissent naître des chatons) sont tués et partent les pieds devant dans un camion d'équarrissage.

Les chatons donnés deviennent de jeunes chats abandonnés trop nombreux pour être tous aidés par les personnes qui essayent de les sauver, à cause des personnes qui laissent naître des chatons.

Assumer son rôle de citoyen, c'est réagir pour faire stériliser les chats errants autour de chez soi, et bien entendu ses propres chats.

Rendez service à un chat et évitez à des milliers de ses descendants d'être tués : faites-le stériliser sans hésiter.

C'est moins cher que de nourrir une portée de chatons.

C'est moins stressant que les chaleurs.

Les associations ont beaucoup de chats à placer et au moins autant sur leurs listes d'attente.

Alors ne laissez pas naître une portée. Laissez les places aux chats qui sont déjà en attente.

Il y a déjà des milliers de jeunes chats merveilleux sans foyer.

La stérilisation de vos chats fera de vous une partie de la solution pour réduire le nombre de chats et chatons tués chaque année.

Si vous ne vous en occupez pas vous faites partie du problème.

Les chats stérilisés sont aussi actifs que les non-stérilisés, juste ils jouent plus et vagabondent moins.

La tendance à l'embonpoint dépends de la qualité de la nourriture et se manifeste lors d'un manque de nourriture dans la passé de l'individu (le réflexe de conservation est activé).

Moins agressifs et plus affectueux, les chats stérilisés sont les plus agréables compagnons.

Les infections malignes et cancers mammaires obligent à faire stériliser pour arrêter une horrible souffrance.

Ces cancers se manifestent tôt ou tard, chez les chats fertiles, qu'elles fassent ou non des grossesses, et chez les chattes ayant eu du contraceptif chimique.

Pour le bien-être et la longévité d'une chatte, la stérilisation est primordiale.

Les risques de développement d'un tumeur augmentent avec l'âge à partir de la puberté.

Les chattes qui n'ont pas eu cette intervention, vont finir par l'avoir, car elles auront un cancer de l'utérus ou elle meurent avec un chaton mort dans le ventre lorsqu'elle commencent à s'affaiblir avec l'âge (les chattes n'ont pas de ménopause).

Plus l'intervention sera pratiquée tôt dans la vie d'une chatte, meilleurs seront les avantages (à 6 mois pour les femelles et à 9 mois pour les mâles, car ils maturent plus tard que les femelles).

Les humains ne font pas autant de petits de leur vie entière que les chats en une première portée, alors il n'y a pas assez de places en famille pour tous les chatons si chaque chatte fait une portée.

C'est un bon investissement que de faire stériliser, car les chats vivent 25 années à condition d'être stérilisés et protégés, ainsi ils sont propres, ne crient plus, ne cherchent pas à vadrouiller.

Une chatte peut faire trois portées par an, d'environ six chatons.

Les gémissements des chattes fertiles sont dues à des douleurs et à la frustration qui ne cesse de les tourmenter jusqu'à plusieurs semaines de suite et c'est insupportable à entendre.

Elles sont contraintes de recommencer après deux ou trois semaines de pause.

Empêcher une chatte fertile de flirter la frustre et finit par la rendre malade.

Dehors, une chatte qui cours les rue va être victime d'un accident de la circulation routière ou tombera enceinte.

Une stérilisation chirurgicale peut également avoir pour but d'éviter un accouchement, lequel n'est jamais sans souffrances et risques mortels (qui dit le contraire ment).

Faire stériliser les chats de votre jardin relève du bon sens, bon caractère et de la dignité ainsi que de la protection animale.

Ne vous contentez pas d'une promesse : la promesse de faire stériliser est honoré à 60% des personnes qui signent un contrat d'adoption, quelque soit les raisons de ces personnes (oubli, fatigue, horaires de travail, difficultés pour s'organiser,...) on fait plus de mal que de bien en plaçant des chatons avant leur stérilisation.

Pour éviter de multiplier ainsi le problème, il est obligatoire de faire stériliser avant de placer un chaton.

Les papiers d'adoption peuvent être remplis et le chaton rencontré régulièrement chez vous dans cette période d'attente.

Les mâles, une fois castrés sont plus contents et propres (se toilettent correctement) et ne vagabondent plus, ne cherchent plus les bagarres, ne sentent plus mauvais et ne propagent plus les MST (Leucose, F.I.V. etc.)

Il a été mis en évidence que la stérilisation à hauteur de 99.9 % des chats d'une ville évite les morts de chatons et les tueries de chats dans les fourrières.

Ce serait 99.7 % si tous les chats étaient déjà appréciés, mais en pratique le besoin de stérilisation est de 100 % des chats errants et adoptés, plus 100 % des chats des fermes où ils sont en danger avec le mécanisation moderne, et il restera toujours les chats en surabondance jusqu'à la prochaine âge de glace ! Explication :

On n'a même pas assez de vétérinaires pour stériliser le moitié (50 %) des chats errants avant qu'ils fassent d'autres chatons, alors stérilisons tout (100 %) des chats qui ont la chance d'être trouvé par des personnes qui veulent les aider.

Si les refuges cessent un jour de tuer des chats et arrivent à faire adopter tous les chats qu'ils trouvent, ce serait par miracle.

Espérons qu'un jour tous les chatons seront attendus par des personnes dont la priorité est d'être des maîtres responsables et attentifs.

L'espérer ne suffit pas ! Nous avons tous un rôle à jouer.

C'est à chacun de faire stériliser les chats qu'il nourrit.

\# La stérilisation a des retombées bénéfiques pour les nourrisseurs, le voisinage, l'environnement et les chats.

\# Image : Blessure de bagarre entre mâles occasionnée par tout le monde qui a négligé de le faire stériliser.

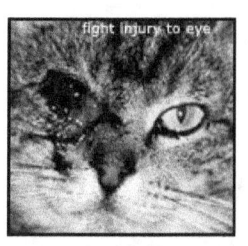

\# Il n'appartenait à personne ? Peu importe. Ce qu'importe est de savoir qui contacter aujourd'hui pour organiser leur stérilisation.

Politiques et chats errants

Une convention pour les chats errants :

Exemple à suivre : L'association " La Bergerie et compagnie " réclame une plus grande implication de la part des communes pour la stérilisations des chats errants...

Notre demande : une petite contribution par habitant de la commune pour gérer les stérilisations !

Nous avons le plaisir de compter sur l'engagement de la commune de Moulins-les-Metz (57160), les élus ont voté favorablement pour cette subvention.

Brouillon pour un "arrêté municipal" :

Vu que notre ville a la volonté d'entretenir correctement ses chats ;

Vu que le chat est un animal de compagnie, d'origine domestique, non-natif ;

Vu qu'il est légal, cohérent et progressiste d'empêcher les naissances de chats ;

Vu l'effet de protection sanitaire de la présence de chats stérilisés ;

Vu que les villes ayant un programme de stérilisation pour les chats dehors en sont contentes ;

Vu que la grande majorité des citoyens à notre époque ont une valeur personnelle de bon traitement d'animaux de compagnie et que la Loi reflète cette valeur ;

Vu que les structures d'accueil des refuges ne peuvent accueillir tout les chats et chatons abandonnés chaque année, et que cet échec n'est pas conforme à l'attente des citoyens ;

Il est désormais résolu que,

Notre ville rejette les pratiques anciennes qui n'ont jamais changé le nombre de jeunes chats nés sur notre territoire, et elle embrasse les politiques modernes adaptées à notre éthique de bon traitement grâce à la stérilisation chirurgicale ;

La ville s'engage à offrir à ses administrés un programme de stérilisation, en partenariat avec notre association [……………………………….].

Notre caisse qui va être initialement dépouillée par les frais de stérilisation, sera lentement remboursée au fil de plusieurs années d'un euro par citoyen intégré aux impôts locaux et de soirées que vous soutiendrez par votre entrée.

Si vous souhaitez faire partie de l'équipe organisé pour les stérilisations, contactez l'association [email : ……………………………Tél :……………]

En exemples :

#1. A Villeneuve Loubet (entre Antibes et Nice), il a été voté de faire stériliser tous les chats de la ville.

Ainsi la ville a payé la stérilisation de tous les chats capturés dehors par les bénévoles.

#2. En États-Unis, Illinois, en août 2005, une nouvelle loi soutient la stérilisation de chats errants.

La stérilisation est payée par l'Illinois pour tous les chats dont s'occupent les nourrisseurs qui s'engagent à ne plus laisser reproduire de chat.

Cette Loi a remplacé l'ancienne pratique inutile de destruction de chats errants.

La stérilisation améliore l'image du chat, sa santé et la popularité des élus qui instaurent un programme de stérilisation pour réduire le nombre de naissances sur leur commune au lieu de laisser proliférer les chats et recevoir des plaintes.

Actions mise en place par des mairies (toujours plus nombreuses) :

Si vous voulez être apprécié par vos administrés au sujet des chats errants, vous aimerez les exemples suivants d'actions menées dans divers départements de la France.

Pour plus d'exemples, contactez "Jardins félins" par émail à foyerfelin@gmail.com

Depuis le 1er janvier 2015, les chats "errants" doivent être stérilisés, identifiés et relâchés sur les lieux où ils ont été capturés. Selon l'arrêté du 3 avril 2014, paru au JO du 17 avril 2014.

"Les chats non identifiés, sans propriétaire ou sans détenteur, vivant en groupe, dans des lieux publics, sur un territoire d'une commune ne peuvent être conduits en fourrière que, dans la mesure où le programme d'identification et de stérilisation prévu à l'article L211-27 du code rural et de la pêche maritime ne peut être mis en œuvre."

Un petit pourcentage des villes en France se sont déjà déclarées féliprotectrices :

Elles ont depuis plusieurs années misent en place des programmes de gestion par la stérilisation des chats sans famille.

Les premières villes à évoluer :

Grenoble et les communes de l'agglomération (depuis 2004), Nancy et les communes de l'agglomération (depuis 1995), Montpellier (depuis 2009), Clermont Ferrand (depuis 2001), Toulouse, Rennes, Limoges, Cherbourg, Nice, Ajaccio, Dijon, Chartres, Narbonne, Angers, Saumur et les 55 communes de l'agglomération, Brest, Dinard (depuis 2002), Laval, Le Mans, Béziers, Poitiers, Blois et les 48 communes de l'agglomération, Fontenay sous Bois (depuis 2013), Verdun, Vierzon, Belfort, Sens (depuis 2006), Joigny (depuis 2005), Millau, Guebwiller, Grasse en Alpes Maritimes, Montreuil en Seine Saint Denis, Pau en Pyrénées Atlantiques, Caves, Sallèles d'Aude et Trèbes en Aude, Beaumont et Cournon en Auvergne, Amboise en Indre et Loire, Châtillon sur Loire et Briare dans le Loiret, Avrillé et Montreuil-Juigné en Maine et Loire, Saintes en Charente Maritime, Vernouillet, Dreux, Ardelu, Arrou et Maintenon en Eure et Loir, Brioude, Saint-Just-près-Brioude, Bournoncle-Saint-Pierre, Saint-Géron et Vieille-Brioude en Haute Loire, Lisieux et Condé sur Noireau dans le Calvados, Coucy Le Château et Jaulgonne en Aine, Mouthiers-sur-Boëme en Charente, Ougney-Douvot et Flagey-Rigney dans le Doubs (depuis 2014), L'Aigle en Basse

Normandie, Saulieu en Côte d'Or, Tallard dans les Hautes Alpes, Mauguio Carnon, Lunel, Puechabon et Saint Mathieu de Treviers dans l'Hérault, La Tivollière, Saint Marcellin, Saint Laurent du Pont, Saint Pierre de Chartreuse et Crémieu en Isère, Hurecourt en Haute Saône, Cergy Pontoise en Val d'Oise, Stenay dans la Meuse, Argentan et La Ferté-Macé dans l'Orne, Saint Amand sur Fion en Marne, Fourchambault et Decize dans la Nièvre, Rousies dans le Nord, Cucq Stella-Plage, Saint-Étienne-au-Mont, Saint-Martin-Boulogne et le bailleur social Pas-de-Calais Habitat en Pas de Calais, Lempdès, Châtel-Guyon, Maringues, Gerzat et Veyre-Monton en Puy de Dôme, Villequier en Seine Maritime, Carpentras et Mornas en Vaucluse, Pont sur Yonne, Brienon sur Armançon et Avallon dans l'Yonne, la Glacerie, Bricquebec, Tolvast et Montfartville en Manche, Flayosc dans le Var, Fourmies en Ardennes, Chassieu, Beaujeu, Vénissieux et Jullié en Rhône, Alençon et Sablé sur Sarthe dans la Sarthe, Chambéry, Brides Les Bains et La Bâthie en Savoie, Cluses en Haute Savoie, Kunheim en Haut Rhin, Montauban et Roquecor en Tarn et Garonne, Arches en Vosges, Guéret dans la Creuse, Les Andelys dans l'Eure, Séné dans le Morbihan, Sigoulès et Périgueux (depuis 2014) en Dordogne, Saint Priest en Jarez en Loire, Villeneuve lès Avignon dans le Gard, Crest en Drôme, Parentis, Gastes, Sainte-Eulalie, Sanguinet et Ychoux dans les Landes, …

Parce que c'est moins cher, plus intelligent, plus humain et efficace :

"La politique du "chat libre" n'a que des avantages. On règle le problème de l'encombrement de la fourrière. On laisse l'animal jouer son rôle dans la régulation de la biodiversité. Et ça coûte moins cher. Environ 70€ par bête aujourd'hui contre 120€ en moyenne auparavant. Car les séjours des chats à la fourrière étaient trois fois plus long." **(mairie du Mans, Sarthe)**

"Il s'agit d'un choix politique tendant à traiter dignement nos amis à quatre pattes, choix partagé fort heureusement par beaucoup. Mais également un choix au profit de l'Homme, car la personne âgée n'ayant pas les moyens de faire stériliser l'animal peut avoir recours à la mairie qui paie la totalité de l'intervention (convention passée avec un vétérinaire)." **(mairie de Boves, Somme)**

"Réguler efficacement la prolifération des félins tout en assurant la protection des chats dits « libres » qui participent à l'environnement urbain et ont "droit de cité". C'est la seule méthode efficace de contrôle des populations de chats sauvages. Nombre d'individus stabilisé et situation sanitaire assainie. En 2011, aucun chat souffrant de maladies infectieuses n'a été recensé." **(mairie de Clermont Ferrand, Puy de Dôme)**

"Il est du devoir de la commune d'intervenir dans ce genre de cas de manière à maîtriser la démographie et l'état sanitaire de ces populations." **(mairie de Guebwiller, Haut Rhin)**

"Cette action est menée dans un but de protection animale." **(mairie de Lempdès, Puy de Dôme)**

"La capture et la stérilisation de chats errants contribuent au maintien de la sécurité, de la tranquillité et de l'hygiène publique." **(mairie de La Tivollière, Isère)**

"Nous faisons aussi un travail avec les enfants du Conseil municipal des jeunes pour sensibiliser les habitants à la stérilisation et castration de leurs chats." (**mairie de Mouthiers-sur-Boëme, Charente**)

"La gestion des chats errants est délicate et il est impératif de maîtriser leur population en contrôlant leur reproduction. C'est une problématique contemporaine et notre village doit apporter une réponse. Cette campagne s'inscrit ainsi dans le cadre d'une pratique reconnue par tous les experts en respectant la sensibilité de chacun devant la vie des animaux de compagnies, et en évitant l'euthanasie ou le déplacement des colonies de chats qui sont avérés comme inefficace contre la pullulation." (**mairie de Mornas, Vaucluse**)

"En stoppant la naissance de chatons, cette campagne a pour but de réduire les nuisances et d'apporter un mieux-être aux chats qui, par la suite, seront remis en liberté sur leur territoire, pour continuer à assurer leur rôle de régulateur des nuisibles." (**mairie de La Ferté-Macé, Orne**)

"620 chats stérilisés et identifiés depuis 2005. Le nombre de chatons a diminué considérablement. La taille des colonies s'est stabilisée et commence à baisser naturellement. Tout comme les plaintes des habitants." (**mairie de Joigny-Yonne**)

"Problème des nuisances causées par les chats errants pratiquement rés Problème de surpopulation réglé. Problème de contaminations réglé.

Problème de conflits entre voisins réglé. Commune plus sécurisée pour les animaux domestiques qui peuvent rester libres, se promener, sans risquer l'incident ou l'infection par un animal plus sauvage." (**mairie de Dinard, Ille et Vilaine**)

"Cette action a permis de contribuer à augmenter la sécurité sanitaire et de diminuer sensiblement le nombre de plaintes." (**mairie de Nancy et agglomération**)

L'effet aspirateur, "la nature déteste le vide".

Si l'on remarque un ou plusieurs chats à un endroit, cela signifie qu'il y existe un biotope favorable.

Nourrir les chats est irrépressible chez l'humain, l'interdire ne l'arrêtera pas. Autant interdire de respirer !

Depuis 800 ans les tentatives d'éradiquer les chats échouent car une autre chatte vient à chaque fois faire ses chatons sur les mêmes lieux où il se trouve une source de nourriture.

Les chats stériles sont tranquilles, sans bruits ni odeur, et ils éloignent les rongeurs de nos réserves.

Mais s'il y a un voisin sans scrupule agissant illégalement pour que la tuerie continue, la reproduction recommence car il y a une source de nourriture qui redeviennent disponible.

La stérilisation chirurgicale est moins coûteuse que la destruction de vies car tuer ne réduit pas le nombre de chatons qui survivront.

Où qu'il y a un biotope favorable (nourriture disponible), un prédateur fertile (chat, ferret, loup, serpent) emménage et repeuple le localité.

La solution efficace est de signaler la présence de chats à une autre association de proximité s'occupant de chats errants.

Les vétérinaires sont parfois plus au courants que les mairies de l'existence d'une association pour les chats errants de leur commune.

Vous serez habilement conseillé et soutenu par une association comme "Jardins félins".

Lettres municipales

Par la communication on peut :

\# Sensibiliser et responsabiliser les habitants de la commune à la stérilisation de leurs chats.

\# Faire participer les habitants à la capture des chats, accueillir des chatons pour les sociabiliser.

Exemple d'action menée par la ville de Mauguio Carnon en Hérault :

La municipalité fait appel à des bénévoles résidents pour participer ponctuellement à la capture de chats "libres" (sans famille) tout au long de l'année.

De plus, elle recherche des familles d'accueil pour sociabiliser des chatons dits "libres" en leur proposant un environnement sain et sécurisant, en leur apportant nourriture et soins quotidiens afin de les rendre adoptables.

Exemples de textes pour circulaires et lettres municipales :

Exemple #1 :

Nouveau service d'utilité publique, en mairie.

Notre ville se place parmi les plus progressives par son respect des lois actuelles sur les chats errants.

Nous avons l'honneur de vous présenter un service, cohérent avec ces lois.

Pour la stérilisation des chats errants, un système de Bons de stérilisation a

été mis au point par la communauté de communes avec tous les vétérinaires, et sera géré par notre élu chargé de la condition animale.

La stérilisation et tatouage seront faits au nom de leur commune.

En contribution au financement de ce service, nous demandons une subvention du conseil général.

La communauté des communes contribuera au règlement des frais des stérilisations, un euro par administré chaque année.

Exemple #2 :

Les élus de notre ville souhaitent que leurs concitoyens cessent de laisser reproduire les chats, qu'il soient errants ou adoptés.

Cette reproduction non-désirée occasionne des soucis dans les voisinages.

Au regard des lois contre la cruauté qui comprennent la négligence entraînant la mort d'animaux domestiques, la seule solution efficace est de réguler la population de chats errants par la stérilisation chirurgicale.

La capture des chats craintifs sera assurée par un contact local de notre équipe qui compte le garde champêtre et les contacts locaux de l'association [exemple, "Chats du village"].

S'il y a des chats errants dans votre jardin, on va poser et surveiller des cages de capture à l'endroit où vous les nourrissez.

L'heure du nourrissage des chats dans votre jardin doit être sous le contrôle de votre contact local jusqu'à ce que tous soient capturés et stérilisés.

Tous les citoyens de la commune vont bénéficier de la cessation de la reproduction de chats errants sur notre territoire, ainsi 2€ seront ajoutés aux impôts locaux annuels à cet effet.

Les personnes désirant plus tard adopter un chat de l'extérieur du village sont tenues de faire stériliser leur chat avant de lui laisser sortir dehors.

Exemple #3 :

Faire stériliser la population de chats errants chez vous pour éviter la reproduction est une acte citoyenne, mais aussi une obligation légale en vertu de la Loi Art. 521-1 du Code Pénal, Art. R 653-1 du Code Pénal contre la cruauté et la négligence pouvant entraîner la mort d'un animal domestique et Art. 120 du règlement sanitaire départemental.

Il est formellement porté à l'attention de chacun de nos administrés que les chatons et les chats errants sont des animaux domestiques.

Les actes répréhensibles de cruauté ou de négligence envers un animal domestique sont passibles d'une amende de 30000€ ainsi que deux ans de prison ferme.

Sans hésitation : stérilisation !

Contactez l'association de proximité s'occupant de chats errants si vous voulez qu'elle vous aide soit pour les frais du vétérinaire, la capture, ou le transport des chats à la vétérinaire.

Exemple #4 :

Nous avons établi un accord avec une association de bénévoles prêtes à vous aider pour la capture et le transport de chats vers les cliniques vétérinaires et le retour sur les lieux de capture.

Chaque citoyen adulte de notre commune doit s'acquitter d'une participation unique de 10 euros sera reportés sur les factures d'impôts locaux, car les frais ne peuvent pas tomber uniquement sur les épaules de ceux qui ont les jardins où les chats seront capturés pour leur stérilisation !

Exemple #5 :

Tapage nocturne par des chats entiers ? Chatons morts sur la route ?

Contactez une association pour la stérilisation des chats et la tranquillité sera vite rétablie !

Si vous proposez une source de nourriture à un chat, il est votre chat car il est illégale de nourrir les animaux errants.

Vous devez faire stériliser vos chats car il est illégale d'occasionner la mort d'un animale, même par négligence.

Une association peut vous aider pour la capture, le transport vers la clinique vétérinaire et les frais vétérinaires de stérilisation des chats.

Une fois stérilisé, le chat est propre et silencieux et ne se multiplie pas.

La stérilisation les abandons.

Il n'y a pas de place dans les refuges pour les centaines de nouveaux chats qui sont trouvés dehors tout au long de l'année.

Alors, pour stopper l'hécatombe, n'hésitez pas à demander dès aujourd'hui que soit stérilisés les chats que vous voyez dehors.

Voici les coordonnées de l'association à contacter : [exemple, "Chats d'ici"]

Votre maire.

L'utilité des chats (stérilisés) pour la commune

Paisibles :

Puisque les humains déplacent les prédateurs sauvage (serpents, renards, rapaces), les chats remplacent ces prédateurs pour éloigner les rongeurs de l'environnement domestique.

La proximité de prédateurs sauvages n'est pas compatible avec un environnement paisible pour les humains, d'où le rôle du chat.

Animal domestique même quand on le dit "errant"), le chat est parfaitement adapté à ce rôle essentiel dans nos villes et fermes.

Les invasions massives de rongeurs résultent de l'usage de poisons, éliminant les prédateurs (ils mangent des rongeurs empoisonnés).

Protecteurs contre les sources d'infections :

En éloignant les rongeurs des bâtiments et des potagers, les chats stérilisés effacent tout risque de contamination par la toxoplasmose.

La toxoplasmose n'est transmise que par de très jeunes animaux, car l'infection dure deux semaines, puis l'animale est naturellement immune.

L'infection se fait en mangeant de la viande insuffisamment cuite contenant des cistes infectieuses de toxoplasmose.

Pour l'attraper d'un rat ou un chaton c'est difficile, il faut manger de la terre, du foin ou des crudités souillées des excréments d'un jeune rat ou chaton couramment infectés.

Les chats protègent les populations d'oiseaux contre les épidémies d'infections mortelles en ramassant les oiseaux infectés qui tombent au sol.

Les chats servent d'éboueurs aux oiseaux !

Les chats ramassent aussi les oiseaux tués par collision avec une voiture ou contre la fenêtre d'un bâtiment (les oiseaux volent vers le reflet du ciel).

Ils ramassent des oiseaux mourant d'un empoisonnement aux pesticides ou herbicides présents dans les insectes et grains qu'ils consomment.

C'est les altérations artificiels de l'environnement par les humaines qui occasionnent la diminution des populations d'oiseaux (arrachage des haies et d'arbres, les pesticides et herbicides diminuent les sources de nourriture des oiseaux).

Culturels : Les chats stérilisés et convenablement hébergés se prélassent pittoresques au soleil après manger, et en fin journée ils jouent, offrant un spectacle pour tous !

Regarder les chats est un plaisir et attire la clientèle.

Tout comme leurs cousins en Afrique du nord (berceau de l'espèce qu'on appelle "chat" ou *Felis lybica domestica*), les chats ne vivent pas longtemps sans l'homme.

L'histoire du chat c'est l'histoire de la civilisation humaine !

Reconnue officiellement comme faisant partie du patrimoine historique, la présence des chats est un atout dont les Italiens sont fiers, et leur industrie touristique florissante fait une juste récompense.

Des milliers de touristes retournent à Rome chaque année pour le sentiment de bien-être éprouvé en voyant les îlots de chats stérilisés qui habitent les ruines célèbres.

Les chats ont inspiré et inspirent des artistes et artisans : peintres (Picasso, Edouard Manet, Pierre-Auguste Renoir,...), poètes (Charles Baudelaire, Jacques Prévert, Georges Brassens,...), sculpteurs, chorégraphes, potiers, dessinateurs, compositeurs (Maurice Ravel, Igor Stravinsky,...), écrivains (Colette, Paul Léautaud, Jean Cocteau, Pierre Lotti,...), scénaristes, conteurs et décorateurs, ...

Médiateurs sociaux : Les chats stérilisés sont acteurs de la cohésion sociale, ils encouragent les liens amicaux entre les humains en créant une ambiance détendue, incitent sourires, confiance et respect d'autrui.

Pédagogues : Les chats stérilisés sont d'avantage présentes pour enseigner l'empathie avec leur communication visuelle.

Les chats sont de vrais auxiliaires pédagogiques, créant un lien entre la communauté sociale et la scolarité.

Les Chalets-chats créent un lieu pour retrouver les chats.

Montés selon le modèle du plan figurant dans ce livre, les chalets-chats assurent au mieux la protection contre les éléments pour les chats nourris qui manque d'accès à une grange ou une maison au lieu de nourrissage.

Confectionner les Chalet-chats est déjà une activité pédagogique.

Valorisants : Les chats donnent l'occasion d'une activité sociable, citoyenne et valorisante, qui redonne le moral aux personnes qui se portent bénévoles d'une association pour la stérilisation des chats.

S'occuper de chats en tant que "famille" d'accueil offre aux demandeurs d'emploi des activités utiles.

Pouvant apparaître sur un C.V., ces activités servent d'occasion pour révéler et faire valoir les compétences telles que s'organiser, produire un bilan d'activité soutenu par des photos, initier des contacts et conversations ciblés, écouter pour définir la meilleure solution pour chaque situation, assumer des responsabilités journalières, être vigilant et observateur, soigner avec diligence, s'adapter avec calme et ingéniosité.

Thérapeutiques : La **santé cardiaque** s'améliore lorsque les personnes s'occupent de chats.

S'occuper de chats même sans les toucher, aide les personnes **allergiques** à retrouver des réactions immunitaires équilibrées.

Le ronronnement aide à **renforcer les os** : Études scientifiques à l'appui, ce sont les vibrations ultrasoniques harmonieuses des chats heureux qui stimulent les os à se soigner et se renforcer.

Les chats rallument l'envie de communiquer chez les personnes **dépressives,** et d'aller au grand air, ils motivent aussi le courage et la confiance-en-soi nécessaires.

Ils relient à la réalité les enfants renfermés, "rêveurs" et les personnes isolées.

Citoyens : Le chat est un citoyen apprécié dans les villes où tous les chats errants ont été stérilisés enfin.

Dans les villes où un programme de stérilisation est en place depuis un an, il y a déjà moins d'abandons.

Moins de grossesses non désirées, fait qu'il y a moins de chatons donnés, et donc moins d'abandons.

Il y a beaucoup plus de personnes qui accueillent des chats adultes de dehors ou qui vont dans les refuges pour en adopter.

Il y a moins de stress pour les refuges, les chats et les maîtres.

A propos de la loi

Il est illégal d'occasionner de la souffrance ou la mort par négligence d'un animal domestique (par exemple, comme de les laisser divaguer sur une route).

Il est illégal de laisser dehors de la nourriture pour les animaux que vous ne considérez pas des vôtres à moins que vous soyez prêts à les soigner de façon responsable, notamment à les faire stériliser pour les empêcher de reproduire.

C'est illégal de tuer les chatons, ou les chats de tout âge bien sûr, et cela reste valable pour tous les animaux domestiques, qu'ils soient les vôtres ou non !

Il est conseillé par tous les mairies, associations chats, vétérinaires, etc. de faire stériliser toute chatte que vous nourrissez, qu'elle soit votre chatte ou non, pour éviter qu'elle ne vous apporte des chatons dans votre jardin.

Il est illégal de donner des chatons avant de les avoir fait identifier par un vétérinaire par tatouage ou par micro-puce d'identification, au coût d'environ 30 euros par chaton dont 15 euros est pour l'enregistrement

auprès du fichier national. Votre seul recours est de vous faire rembourser par la personne qui prend le chaton.

A propos des mairies, l'Arrêté du 3 avril 2014, paru au JO du 17 avril 2014 (textes intégraux de ces 2 lois en annexes)

"Les chats non identifiés, sans propriétaire ou sans détenteur, vivant en groupe, dans des lieux publics, sur un territoire d'une commune ne peuvent être conduits en fourrière que, dans la mesure où le programme d'identification et de stérilisation prévu à l'article L211-27 du code rural et de la pêche maritime ne peut être mis en œuvre."

- A compter du 1er janvier 2015, les chats "errants" doivent être stérilisés et identifiés puis relâchés sur les lieux où ils ont été capturés.
- Un Maire aura dorénavant à se justifier de son recours à la fourrière et de son refus de mettre en œuvre un programme de stérilisation.
- Il ne sera plus en droit de refuser la main tendue des Bénévoles et Associations qui proposent actions de terrain et financements. Il ne pourra plus refuser d'y participer.

A propos de la cession de chats l'article L. 214-7 du Code Rural précise :

"*La cession à titre gratuit ou onéreux, des chiens et des chats est interdite dans les foires, marchés, brocantes, salons, expositions ou toute manifestation non spécifiquement consacrée aux animaux***"**.

A propos des actes de violence et négligence, l'Article 521-1 du Code Pénal : Cet article concerne les atteintes volontaires à la vie d'un animal. Le voici en intégralité :

"Le fait, sans nécessité, publiquement ou non, d'exercer des sévices graves ou de commettre un acte de cruauté envers un animal domestique, ou apprivoisé, ou tenu en captivité, est puni d'une peine de deux ans d'emprisonnement et de 30 000 € d'amende.

A titre de peine complémentaire, le tribunal peut interdire la détention de quelque animal que ce soit à titre définitif ou non.

En cas de condamnation du propriétaire de l'animal ou si le propriétaire est inconnu, le tribunal peut décider de remettre l'animal à une œuvre de protection animale reconnue d'utilité publique ou association déclarée, laquelle pourra librement en disposer.

Est également puni des mêmes peines l'abandon sur la voie publique d'un animal domestique, apprivoisé ou tenu en captivité, à l'exception des animaux destinés au repeuplement."

L'Article R 653-1 du Code Pénal : Cet article concerne les atteintes involontaires à la vie ou à l'intégrité d'un animal. Le texte :

"Le fait par maladresse, imprudence, inattention, négligence ou manquement à une obligation de sécurité ou de prudence imposée par la loi ou les règlements, d'occasionner la mort ou la blessure d'un animal domestique ou apprivoisé ou tenu en captivité est puni de l'amende prévue pour les contraventions de 3e classe, soit une amende de 152,45 € (1 000 F) à 457,34 € (3 000 F).

En cas de condamnation du propriétaire de l'animal ou si le propriétaire est inconnu, le tribunal peut décider de remettre l'animal à une œuvre de protection animale reconnue d'utilité publique ou déclarée, laquelle pourra librement en disposer."

Le règlement à ne pas négliger, c'est l'Article 120 du règlement sanitaire départemental qui dit :

"Il est interdit de jeter ou de déposer en tous lieux et établissements publics, jardins, parcs, bois, promenades, cimetières, etc., des graines ou toute nourriture susceptible d'y attirer les animaux errants, sauvages ou redevenus tels, notamment les chats et les pigeons.

La même interdiction est applicable aux voies privées, cours ou autres parties d'un immeuble ou d'un établissement lorsque cette pratique risque de constituer une gêne pour le voisinage, d'attirer les rongeurs, ou de compromettre les parterres et plantations.

Les propriétaires d'immeuble et de tous établissements publics ou privés ou leurs représentants doivent faire obturer ou grillager toutes les ouvertures susceptibles de donner accès aux rongeurs, aux chats et aux pigeons et de permettre la nidification de ces derniers. Ces dispositifs sont tenus constamment en bon état d'entretien.

Toutes mesures doivent être prises pour empêcher que la pullulation de ces animaux soit susceptible de causer une nuisance ou un risque de transmission de maladies à l'homme ou à d'autres animaux."

Les conditions de garde et de détention des animaux de compagnie sont fixées par l'arrêté du 25 octobre 1982 dont, dans son Annexe 1 - Chapitre II, voici quelques extraits :

"Article 3

Les propriétaires, gardiens ou détenteurs de tous chiens et chats, animaux de compagnie et assimilés doivent mettre à la disposition de ceux-ci une nourriture suffisamment équilibrée et abondante pour les maintenir en bon état de santé.

*Une réserve d'**eau fraîche fréquemment renouvelée et protégée du gel en hiver** doit être constamment tenue à leur disposition dans un **récipient maintenu propre**.*

Article 4

*a) Il est interdit d'enfermer les animaux de compagnie et assimilés dans des conditions incompatibles avec leurs nécessités physiologiques et notamment dans un local sans aération ou sans lumière ou insuffisamment **chauffé**.*

b) Un espace suffisant et un abri contre les intempéries doivent leur être réservés en toutes circonstances."

En Royaume-Uni, jusqu'en 2006, les poursuites n'avaient lieu que lorsqu'un acte de cruauté avait occasionné des souffrances.

Désormais il est illégal de négliger les besoins des animaux de compagnie.

 # Nourriture adéquate et eau propre.

 # Un espace de vie sain et adapté.

 # Un endroit sec et chauffé correctement pour la santé de l'animal.

 # La possibilité d'exprimer les comportements normaux de l'espèce.

 # Protection (soins) contre toute douleur inconfortable, souffrance, blessure ou maladie.

Nuisances et hommes (ou femmes) nuisibles

Si vous percevez l'un des phénomènes suivants :

➔ des bagarres nocturnes, chats morts écrasés sur la route, chatons à l'extérieur,

➔ chats qui se sauvent, négligés et tristes, dans un environnement sale,

➔ un trafique de chats par une clinique vétérinaire ou un refuge (totalement illégale, il y a des sans- cœur qui fournissent des labos sadiques tandis que les scientifiques savent que les tests sur animaux ne transposent pas à l'homme et que les outils efficaces de recherche moderne existent),

➔ une tentative d'extermination, même si ce soit par un élu (ou même un juge qui se croire au dessus de la loi),

➔ une personne qui détient des chats sans soins journalières adaptés à chaque chat, dans un espace sale avec gamelles sales, qui prétende s'occuper malgré preuve de contraire. (Exemples, les bourreaux Bénédicte Montazel et Damian Dumas, qui ont des antécédents typiques de violences envers les chats et les humains d'après nombreux témoignes oculaires.)

Prenez des photos discrètement avec votre téléphone, sans rien leur dire de votre souci, puis,

Dès que votre rapport photographique est enregistré sur une ordinateur,

Parlez avec le maire de la commune et contactez "Jardins félin" auprès de qui vos données serviront pour appuyer et faire aboutir les dossiers contre les personnes nuisibles.

RETIRER D'URGENCE LES CHATS D'UN TORTIONNAIRE :

Une démarche légale et rapide pour retirer d'urgence les chats d'un tortionnaire !

Oui ça existe, la voila.

Pour sauver les chats d'un bourreau il ne suffit pas de porter plainte, il faut le faire, mais c'est certainement déjà signalé par des voisins.

Les gendarmes apparemment ne se déplaceront pas pour un sauvetage avant d'avoir reçu l'ordre du Procureur ou d'un juge, mais la justice prends un temps inapproprié dans les affaires où les animaux sont mourants !

En tout cas, allez-y accompagné d'un serrurier et de Monsieur le maire ou si le maire n'est pas disponible trouvez sur place deux voisins qui veulent bien servir de témoins du sauvetage (amenez papier et stylo pour les demander une attestation du fait qu'ils sont témoins du sauvetage et que vous n'avez rien volé ni abîmé dans la maison du tortionnaire).

Fermez bien la porte une fois tous les chats sauvés.

Une fois les chats en voiture la première chose à faire est d'aller directement à une clinique vétérinaire pour dire que vous venez de sortir les chats de chez leur bourreau et il y a besoin d'un certificat vétérinaire attestant de leur piètre état de santé actuel.

Pendant l'examen vétérinaire prenez deux photos de chaque chat dont une photo depuis droit au dessus, et l'autre photo depuis en face (le corps inclus dans l'image).

Spécifiez que vous demandez un certificat signé et daté par le vétérinaire, concernant l'état de santé déplorable des chats en ce moment où ils viennent d'être sauvé.

Également spécifiez que vous ne demandez aucun traitement médical à ce stade, car les chats vont se stabiliser rapidement une fois bien nourris et respirant l'air chauffé d'un foyer rempli de vapeurs d'eucalyptus et romarin.

Dix jours plus tard, vous serez contacté par les gendarmes qui auront devant eu le tortionnaire qui cri au vol car il vient juste (oui au bout de dix jours !) de constater que son tordis n'est plus habité de martyrs félin.

Dites leur que vous allez passer les voir avec copie (pas l'originale) de l'attestation vétérinaire et les attestations de voisins, et amenez également les photos sur votre téléphone (gardez copie des photos sur votre ordinateur sans changer les titres qui contiennent le date) et votre câble de téléphone pour qu'ils prennent copie direct.

Acceptez d'être entendu comme témoin d'un affaire de cruauté.

Refusez d'être entendu pour vol !

AUSTRALIE

Si on devait abattre une espèce "envahissant" c'est l'espèce humain, pas les chats, car en dehors des natives qui vivait en harmonie avec leur environnement, c'est les humain qui font le plus de dégâts, surtout en détruisant les habitats naturelles de la faune native.

Le souci n'est pas que les humains aiment voyager, c'est ce qui les a permis de survivre et de peupler la planète en partant de l'Afrique (voir documentaire "The journey of man" sur "Youtube foyerfelin"), ni qu'ils apportent les espèces d'un contenant à un autre, car cela est inévitable et constant depuis toujours.

Les humains responsables du déclin des espèces sont ceux qui détruisent les paysages pour miner les ressources industriellement.

Les espèces australiens diminuent à cause de la destruction de leur habitat, peu importe s'ils sont chassés ou pas par les chats, par les renards ou par autres prédateurs importés.

La nature tend constamment vers son équilibre, la prédation ne réduit pas les espèces proie, c'est la destruction des habitats qui le fait.

La réduction des ressources pour sa subsistance réduit le nombre dans une espèce.

Des nouvelles espèces évoluent constamment, partout sur la planète, en partant des survivants aux changements naturels (climatiques ou tectoniques).

D'ailleurs, les chats qui capture la faune sont trois fois la taille de nos chats domestiques et se nourrissent indépendamment ayant un comportement d'animaux sauvage, donc d'où vient l'idée de vouloir tuer les chats domestiques ?

Il existe clairement un sous-espèce adapté à l'Australie, ne s'approchant pas des habitations humains car il n'en a pas besoin pour sa survie.

Ces chats sauvages d'Australie sont un nouveau espèce, ils sont autant de la faune Australien qui sont les aborigène.

Le souci de surpopulation de chats errants existe mais sans aucun rapport avec les souci de faune sauvage.
Chaque chat domestique dehors obtiens sa nourriture d'un nourrisseur et ne survivrait pas longtemps sans être nourrit.
Il n'y a pas de chat dehors survivant plus de trois semaines qui n'est pas aimé de quelqu'un.
Ce que n'exclue pas qu'il peut manquer les soins pour assurer sa sécurité et éviter sa reproduction.

La SOLUTION, est de rendre obligatoire la stérilisation chirurgicale des chats adopté et de définir l'adoption par le fait de nourrir un chat.

En seulement deux mois un localité dépeuplé entièrement de chats, sera repeuplé d'autant, selon la disponibilité de nourriture.
La faune sauvage australien est endommagée par les humains qui dispersent des pesticides et commettent la déforestation plus que partout ailleurs sur la planète sous les ordres du même gouvernement qui essaye de nous faire blâmer les chats !

Ultimement, les espèces apparaissent et d'autres disparaisse tout le temps, par création intelligent dans une constant évolution en partant de porteurs des réservoirs génétiques les mieux adaptés à leur environnement.

Une expérimentation sur l'île de Tasmanie, au sud de l'Australie, montre le futilité de la violence envers les chats.
Treize mois d'abattages systématiques des chats a eu pour résultat une

explosion soudain de la population juste après qu'ils ont cru les avoir exterminé !

Lettres à Monsieur le Maire

(Différentes lettres au maire à choisir en fonction de la situation.)

[Votre nom]
[Votre adresse]

[Date]

Objet : Demande d'appui dans les circulaires municipales.

Monsieur le Maire,

Une politique de stérilisation honorerait le souhait de la communauté pour une solution humaine à la reproduction de chats errants.

La loi de janvier 1999 autorise les municipalités à dépenser sur la stérilisation pour limiter leur population de chats, car la stérilisation élimine le souci perpétuel de reproduction et repeuplement des territoires.

J'ai fait stériliser les chats que je nourris et je suis disposé à aider bénévolement la municipalité en animant de petites conférences même pour deux ou trois personnes où je présenterai l'association

Jardins félins.

Chacun peut agir au secours des chats des jardins et parcs qui entourent leurs lieux de travail ou leur lieu de vie.

Les chats stérilisés égayent l'environnement des locaux, sont calmes et propres, et chassent les rongeurs, ce qui protègent contre les infections qui sont toujours propagés par les juvéniles, hors les chats stérilisés n'ont jamais de petits.

1). Dans votre circulaire aux administrés pouvez-vous mettre le suivant ?
"Dans le cadre de l'effort collectif humanitaire pour arrêter les flux de chatons, chacun doit faire stériliser ses chats familiers dans une clinique vétérinaire participante."

2). Pouvez-vous prêter une salle pour des conférences ?

J'ai l'honneur d'attirer votre attention sur l'association "Jardins félins", qui peut vous aider de par sa grande expérience et ses solutions à tous les soucis concernant les chats.

N'oublions pas que les **touristes** aiment les chats et ils ne restent pas ni retournent dans les villes sauf si elles ont une bonne réputation dans les revues publiées par les associations qui font circuler une version anglaise.

[Signée]

P.J. Guide pratique "Chats errants, solutions agréables à toutes personnes" de l'association "Jardins félins".

Monsieur le Maire,

L'article 213.6 de la Loi sur les animaux errants (6 janvier 1999) permet aux mairies d'établir un décret comme quoi la commune assortit à sa convention de fourrière, un programme de stérilisation avec un contrat entre la commune et une association pour limiter la population de chats errants par la stérilisation.

Les participants potentiels peuvent se renseigner auprès de l'association "Jardins félins" pour trouver d'autres volontaires, des vétérinaires flexibles, les cages de capture, et d'autres ressources.

Après la stérilisation, il n'y aura plus de dépenses pour la commune pour réguler le nombre de chats.

Si occasionnellement un nouveau chat arrive, il suffit de le faire stériliser sans délai (surtout) pour éviter que la population de chats n'explose de nouveau.

Les vétérinaires qui accordent leur "tarif chats errants" aux bénévoles de l'association peuvent être remerciés dans la presse municipale pour leur participation à l'effort collectif favorable à l'image et la réputation de la commune.

Vous êtes en faveur de la solution durable, économique et humanitaire pour que votre ville figure parmi les villes féliprotectrices ?

C'est un bonheur d'aider ces créatures attachantes.

[Signée]
P.J. Guide pratique "Chats errants, solutions agréables à toutes personnes" de l'association "Jardins félins".

Monsieur le Maire,

Les associations de protection animale viennent d'être informées de votre intention de faire procéder à une "déchatisation" !!!

Comble de l'horreur !!! vivez-vous encore comme au Moyen-Age ?

Il existe des solutions civilisées, la vôtre n'est ni efficace ni économique ni même légale !

Les associations de votre région sont prêtes à vous aider pour stopper la prolifération de chats errants, par la stérilisation, la solution définitive pour éviter la repeuplement.

Quand il y a des personnes qui déménagent ou décèdent en laissant leurs chats, nous devons réagir vite car les chats n'attendent pas pour reproduire.

Éradiquer une population féline ne sert à rien, sauf à avoir une réputation de barbare archétypique à éviter !

L'endroit serait vite repeuplé par une chatte errante !

Sensibilisez les habitants de votre commune en les rappelant leur responsabilité de faire stériliser : la stérilisation est obligatoire car il est illégal de laisser mourir ou tuer un animal domestique, ou d'en donner sans l'avoir fait identifier.

Rejoignez les maires français qui ont lancé une campagne de stérilisation et d'identification : contactez une association qui s'occupera de la population féline sur votre ville.

Souhaitant qu'il ne s'agisse que d'une rumeur non fondée, et que vous avez pris contact avec une des associations connues des vétérinaires de votre ville ou figurante sur la liste à http://foyerfelin.free.fr/Associations.html

[Signée]
P.J. Guide pratique "Chats errants, solutions agréables à toutes personnes" de l'association "Jardins félins".

Monsieur le Maire,

L'association "Jardins félins" vous invite à découvrir son action qui donne aux villes une image populaire et sympathique.

N'enlevez plus les chats et chatons, stérilisez, car lorsque les chats ne reproduisent plus ils restent peu nombreux, sont calmes, heureux, propres, soyeux et silencieux, et votre ville serait listé féliprotectrice !

Les villes féliprotectrice sont populaires avec les touristes, car la stérilisation met fin aux problèmes sans en créer d'autres, tandis que l'ancienne politique de ramassage était un souci annuel sans jamais donner les résultats espérés.

Attachants et joueurs, les chats stérilisés ne repeuplent plus, ne bagarrent plus, ne font plus de bruits ni de marquages.

Les chats stérilisés forment une barrière biologique de protection contre les maladies que propagent les rats.

Vos circulaires municipales pourront parler aux citoyens de cette méthode de régulation qui sera acceptable pour tous.

[Signée]
P.J. Guide pratique "Chats errants, solutions agréables à toutes personnes" de l'association "Jardins félins".

AU JARDIN

Vous ne voulez pas voir de chat ?

Si vous n'aimez pas les chats, vous n'en verrez plus chez vous :

1.# Les "sprinklers" **arroseur-gicleurs à détecteur de mouvement** sont le plus simple façon d'éloigner les chats d'un jardin.

Les appareils pour repousser les chats de votre jardin sont en vente dans les jardineries et sur Internet, voila trois sites qui en vendent :

http://www.stopcatsanddogs.co.uk/Ultrasonic-Cat-Pest-Repeller-%6040%60/4.htm

http://www.stopcatsanddogs.co.uk/Mega-Sonic-Pistol-Cat-Pest-Repeller/10.htm

http://www.amazon.fr/R%C3%A9pulsif-Chat-Pestbye-Ultrason-Incluses/dp/B00GYU2LQG/ref=sr_1_4?ie=UTF8&qid=1449330508&sr=8-4&keywords=chats+jardin

2.# Trouvez le "porte-parole" des chats pour faire part de vos soucis et vos souhaits concernant les chats, cette personne fera en sorte de vous satisfaire et cantonner les chats aux autres jardins, où ils sont appréciés.

Pour trouver les nourrisseurs des chats, on peut les rencontrer dehors vers

18 h, aux abords d'un jardin avoisinant.

Vous découvrirez que les vrais amis des chats sont sympathiques, toujours à l'écoute et volontaires pour résoudre tout souci concernant les chats dehors.

Donnez au nourrisseur les coordonnées de "Jardins félins" qui est une association d'assistance pour faire cesser la divagation des chats.

3.# Si vous n'arrivez pas à une bonne entente avec le nourrisseur, si cette personne n'a même pas fait stériliser tous les chats qu'elle nourrisse pour éliminer les bruits et les marquages, ou si elle ne remédie pas à ce qui agace, donnez ses coordonnées à "Jardins félins" par émail à **foyerfelin@gmail.com** ou appelez calmement une association de votre ville s'occupant de chats qui s'arrangera très vite sur place avec le nourrisseur pour que vous ne soyez plus embêté.

Les ruses du jardinier

CONTRE LES GRATTAGES

Les chats n'aiment pas gratter près de certaines plantes : Rue (Ruta graveolens), Géranium, Absinthe, Thym-citronné ou encore P-off (Coleus canin).

Toutes ces plantes sont décoratives et protègent vos autres plantes non seulement des chats mais aussi des maladies !

Vous pouvez les planter entre vos fleurs.

Elles stimulent la croissance saine des légumes poussant à proximité.

Coleus canin est un hybride créé et vendu par Dieter Stegmeier, Unteres, Dorf 773457, Essing, Allemagne.

La plante est peut-être déjà en vente en France, sinon :
1), par courrier à Monsieur Stegmeier,
2), par Internet directement de Monsieur Stegmeier à **http://www.egli-gartencenter.ch/tips/verpissdich.html**
3), ou chez Thompson & Morgan qui vendent la plante par pack de 6 au prix de £9.99 port compris.

Les chats sont repoussés par le marc de café et de thé, la pelure d'orange et de citron, l'odeur d'huile d'eucalyptus et de citronnelle....

Des brindilles enfoncées à coté de chaque jeune plante découragent les chats de gratter.

Par terre sur vos semis pour empêcher les chats de gratter, mettez des branchettes ou du grillage.

Vous pouvez laisser des plantes pousser à travers le grillage.

Les plantes annuelles seront protégées, mises en valeur et faciles à entretenir dans des pots géants en terre cuite.

Des pierres de rivière peuvent couvrir la terre autour des plantes en plate-bande ou en pot.

C'est par la même occasion une technique non toxique pour désherber !

Une rocaille est attirante et résistante !

Si les chats aiment gratter l'écorce des arbres, il est tout aussi vrai que les jeunes arbres ont besoin d'être protégés du vent qui les abîment.

Les protections plastiques pour arbres sont en vente chez les pépiniéristes.

Un poteau en bois installé proche des arbres sera préféré par les chats pour des griffades.

CONTRE LES CROTTES ET BRUITS

Arrosez votre jardin le soir, les chats n'aiment pas crotter dans la terre mouillée.

Le meilleur moyen d'éviter que les chats laissent des odeurs ou fassent du bruit dans votre jardin, est de les faire stériliser.

Les chats stérilisés protégeront le jardin contre les mâles entiers errants.

Les chats stérilisés enterrent leurs crottes et ne font plus de bruits.

CONTRE LES TRACES SUR LES VOITURES

Si vous n'aimez pas trouver des traces de pattes de chats sur votre véhicule, aspergez la voiture d'un produit habituel mais parfumé au citron, et aidez le nourrisseur des chats à éloigner les Chalets-chats, ou s'il n'y en a pas, demandez qu'il, ou elle, provisionne autre chose que les chats vont préférer, (voir paragraphe suivante) aussi il peut aider de garer votre voiture à l'ombre.

Sachant que les chats ont besoin d'un espace surélevé où ils peuvent s'allonger au soleil en hauteur, le nourrisseur des chats est certainement à la recherche de quelqu'un qui pourrait bricoler une ossature de bois, d'un mètre et demi de hauteur recouverte de tuiles d'argile (une mini-

toiture), car cela serait plus agréable pour les chats que les voitures !

FAVORISER LES OISEAUX

N'utilisez jamais de pesticide ni d'herbicide dans votre jardin si vous aimez les oiseaux !

Les populations d'oiseaux diminuent quand leur nourriture (insectes et graines) est empoisonnée d'herbicides et pesticides.

Les pesticides font agoniser et mourir les oiseaux d'abominables douleurs.

Les pesticides (contre les limaces et rats) tuent aussi les prédateurs des "pestes" donnant pour résultat des "marées" de ces même "pestes".

Ce qui explique les "pluies" de rats et de souris dans les territoires où l'on utilise ces poisons massivement.

Si les chats avaient un effet destructif sur la population d'oiseaux, on aurait vu le déclin de ces derniers avant que débute l'utilisation extensive de pesticides en agriculture.

N'empoisonnez pas les limaces ! Si vous empoisonnez des limaces, vous empoisonnez des hérissons, crapauds et oiseaux.

Ces animaux, prédateurs, mangent les limaces empoisonnées, puis ne sont plus là pour manger les milliers de descendants des quelques limaces qui ne mangent pas les poisons.

Les chats sont des carnivores spécialistes de rongeurs et d'insectes, et charognards allant ramasser des oiseaux trouvés morts ou agonisants au niveau du sol.

Les oiseaux en bonne santé ne sont pas une proie intéressante pour les chats, d'ailleurs les chats apprennent rapidement qu'ils perdent leur temps et leur énergie.

Les études scientifique ont révélé que les variétés d'oiseaux le plus souvent ramenés par des chats sont les mêmes dont le nombre est en augmentation.

Voici pourquoi : les chats attrapent uniquement les oiseaux qui ne peuvent repartir pour cause soit de maladies infectieuses, soit déjà morts, les chats protègent les populations d'oiseaux ainsi contre les épidémies contagieuses qui autrement décimeraient les populations.

Les causes de mort des oiseaux sont humaines : collision avec une voiture ou une fenêtre, empoisonnement par des pesticides sur les insectes qu'ils mangent et les herbicides sur les grains des plantes sauvages qu'ils affectionnent.

A la place de pesticides, encouragez les insectes prédateurs comme les coccinelles sur vos tomates, roses, choux et fruits.

Les aliments pour oiseaux devront être placés au milieu d'un terrain découvert, avec un plan surélevé ou mieux dans un filet suspendu à deux bons mètres du sol.

Le chat n'est pas la cause d'une diminution du nombres d'oiseaux chanteurs : comment ne pas voir l'effet de la déforestation, les pesticides (qui tuent ou empoisonnent les insectes sur lesquels se nourrissent les oiseaux) et les herbicides qui éliminent les graines fines et variées dont ils ont besoin ?

C.J. Mead, biologiste, 1982 : *"Les oiseaux ont coexisté en Europe avec le chat depuis 2000 ans. Si une espèce d'oiseau ne supportait pas le niveau de prédation exercé par le chat, elle serait éteinte depuis déjà belle lurette."*

Les oiseaux sont moins tués par le chat qu'ils ne l'ont été par divers autres prédateurs avant l'arrivée du chat en Europe.

Les prédateurs natifs ont diminué en nombre à cause du développement de l'urbanisation et l'agriculture.

La population humaine par contre a un effet certain sur les populations d'oiseaux : urbanisation, routes, déforestation pour pâturage, terrains de golf, etc. réduisent les sources de nourriture et de nidation.

C'est surtout la déforestation des tropiques qui est en cause car 250 espèces d'oiseaux chanteurs migrent.

Pour ne plus causer la <u>mort d'oiseaux</u> :

Ne désherbez plus ! Les **HERBICIDES** tuent les herbes dites "mauvaises" car ne produisant pas une nourriture pour l'homme, mais ils font des semences dont les oiseaux ont besoin pour bien se nourrir (et ont des propriétés médicinales que "la médecine" aimerait qu'on continue à ignorer).

Les **PESTICIDES** tuent les oiseaux qui mangent les insectes empoisonnés.

Jardinez "bio" comme autrefois, vous éviterez aussi l'appauvrissement nutritionnel de votre alimentation.

Déposez tous vos poisons (anti-limaces, mort aux rats, herbicides et autres pesticides) dans un sac poubelle noir sans rien d'autre et posez-le dans une benne à couvercle vert.

Les **CHASSEURS** tuent beaucoup d'oiseaux chanteurs et ce, sans aucune logique surtout pour les merles qui sont utiles dans les jardins et vergers où ils mangent les limaces et chantent agréablement.

La **SÉCHERESSE** tuent les oiseaux alors pensez à remettre un bol d'eau propre tous les jours de sécheresse, où que vous soyez.

Le **CHOCOLAT** est toxique pour les oiseaux. Il contient de la théobromine, fatale, même à petites doses chez les oiseaux.

Parlez aux voisins des oiseaux, car courroucées par les **fientes au pied des façades**, certaines personnes démolissent les nids.

Rouges-gorges, mésanges, merles, chardonnerets, pinsons... par temps froid, il est important d'offrir aux oiseaux une source de nourriture supplémentaire sur laquelle ils pourront compter tout **l'hiver**.

Dès les premiers gels, morceaux de fruits, croûtes de fromage, gras de jambon, graines (millet, avoine, coquelicot...) en boules de graisse, à heures régulières, le plus tôt possible le matin, et éventuellement l'après-midi.

Avec la température qui s'adoucit, les **salmonelloses** se développent facilement dans la nourriture mise à disposition.

Donc, il est important d'arrêter le nourrissage dès l'apparition des premiers bourgeons de feuilles au printemps pour que les oiseaux se nourrissent naturellement car c'est mieux pour leur santé (et avec tous le travail qu'ils ont vous pouvez le croire ils ont besoin de leur santé !).

En mars-avril, réduire le nourrissage puis le stopper, mais donnez de l'eau toute l'année.

Pensez à changer leur **eau** plusieurs fois dans la journée si elle est **gelée**.

Ne donnez jamais de **lait**, d'aliments salés, du pain blanc, gâteaux, ni fruits secs car gonflent dans l'intestin et peuvent provoquer des occlusions intestinales.

Si vous achetez une mangeoire, il faut la nettoyer deux fois par semaine pour éviter la propagation de bactéries et **moisissures**.

Être au **sol froids**. Au lieu d'acheter une mangeoire, placez la nourriture à au moins deux mètres du sol.

ÉLIMINER LES LIMACES

La solution est d'encourager la présence de prédateurs efficaces (pour les limaces c'est le hérisson).

Faites un coin nature pour héberger les hérissons car ils sont très gourmands de limaces.

Mettez tous vos produits pesticides et herbicides dans un même sac poubelle sans rien d'autre, et mettez-le dehors pour la collecte d'ordures.

Les bégonias et géraniums sont parmi les plantes qui résistent aux attaques de limaces, les aromates vivaces également (par exemples, Romarin, Thym, Sauge, Aneth).

Deux solutions non toxiques, contre les limaces :

1) Mettez un bol de lait, dans un petit trou creusé en plein potager. Les limaces vont être attirées puis elles tomberont dedans. Un hérisson sera heureux de trouver ce banquet !

2) Si vous n'avez pas encore de hérisson, videz le bol de temps à autre, sur votre compost, et laissez un tas de feuilles mortes s'accumuler dans un coin couvert, ce tas fera la joie des hérissons qui pourront y faire leur nid et mangeront les limaces dans votre jardin.

3) Si les limaces se font rares en hiver, les hérissons mangent de la nourriture pour chats lors de leurs réveils occasionnels. Cela les aide à survivre à l'hiver.

Contre les puces et pucerons dans le jardin utilisez les prédateurs,

disponible à

http://www.jefferspet.com/products/antidote-3-n-1-biological-pest-control

L'utilité des chats au jardin

\# Les chats stérilisés protègent vos betteraves et carottes des rongeurs.

\# Ils protègent vos petits de la toxoplasmose, agent pathogène dont l'infection se fait par ingestion de salade ayant été souillée des crottes d'un jeune animal malade (les animaux adultes ne sont jamais infectieux).

\# Au verger les chats protègent les fruits en éloignant les oiseaux.

Protection des chats au jardin

Mon jardin est félin

Veillez à ce qu'il y ait un bol (propre) plein d'eau, constamment au même endroit dans le jardin.

Comme ça ils n'iront pas chercher à boire chez les voisins qui ne veulent pas les voir.

Si vous faites une fontaine décorative, les chats s'amuseront tous les jours pendant des heures à regarder l'eau en mouvement.

Plantez de la Menthe cataire (Nepeta cataire) dans votre jardin pour les encourager à rester.

Les chats sont attirés par cette plante aussi appelée "menthe des chats", ils aiment se rouler dessus et la mordre pour libérer l'arôme !

Parsemez des graines sur de la terre dénudée (j'utilise de la terre que les taupes ont gentiment ameublie et sortie du sol en petits tas commodes), couvrez l'endroit avec des paniers de grillage soudé vendus pour suspendre des fleurs, ou semez dans ces mêmes paniers suspendus, ou dans un bac hors portée des chats !

Laissez un coin de terre ameublie ou étalez des copeaux d'écorce, ou de la tourbe de bruyère à un endroit où les chats sont autorisés à faire leurs besoins, et demandez à leur nourrisseur de ramasser les crottes toutes les semaines (tous les jours en été).

Les chats préfèrent les endroits calmes où la terre est meuble, pour y gratter et enterrer leurs crottes tranquillement.

Les chats aiment un jardin herbeux. Mettez quelques pavés aux endroits les plus fréquentés (pour éviter de se trouver dans de la boue en hiver).

Les chats ont besoin de manger de l'herbe, alors, laissez-la pousser naturellement longue par endroit.

Des touffes de roseaux, bruyère, buddleia, menthe, valériane, thym, camomille, romarin, persil, créent des lieux de jeu pour les parties de cache-cache et course-poursuite.

Attention aux plantes toxiques, préférez les plantes et fleurs comestibles, ne jamais planter des lys (leur pollen est mortel).

Il y a des livres sur les fleurs pour salades (bourrache, rose, nastursium, bluet, mauve, etc.), qui sont de bonnes plantes à faire pousser dans un jardin félin.

En périphérie de jardin, une ligne d'arbustes denses servirait de coupe-vent.

Pour être prêt au cas où un chien s'infiltrerait dans votre jardin, préparez une cachette pour les chats et habituez-les à y manger.

Par exemple un Chalet-chats selon le modèle de "Jardins félins" (plan de montage dans ce guide), solidement construite avec une toiture fermée au cadenas et une chatière ronde de 13 cm de diamètre.

Les chats aiment se percher en hauteur et beaucoup de chats sont volés depuis les murs périphériques des jardins.

Laissez une table au jardin, ou construisez un mur court mais large, sans le rattacher au périphérique mais bien vers le milieu du jardin, ils vont y grimper pour s'allonger au soleil en toute sécurité.

Une branche d'arbre, stabilisée par des poteaux de bois aux quels elle serait vissée, plaira pour grimper et se percher en hauteur.

Pour réduire le danger d'empoisonnement, nourrissez deux fois par jour dans la cachette des chats, pour qu'ils n'aient jamais si faim qu'ils mangeraient n'importe quoi.

Une fois stérilisés, les chats sont calmes, propres et amusants à voir jouer ensemble autour des arbustes de romarin, sauge, cassis, etc.

L'association "Jardins félins" (ou une autre association de proximité s'occupant de chats) peut vous aider dans vos démarches pour faire stériliser les chats selon le cas (capture, frais de stérilisation, conseils).

Voir la rubrique "Clôtures pour chats", ci-après, pour de bonnes solutions convenables aux chats et quelques témoignages expliquant leur mise en œuvre.

Il y en a certainement une solution « clôture » qui conviendra pour chez vous, même si vous êtes en location.

Clôtures pour chats

MISES EN GARDE :

Je ne clôturerais pas une surface si c'est pour les laisser sans surveillance.

Une copine a subi un acte malveillant, deux chiens jetés dans son grand enclos ont tué seize de ses chats qui n'ont pas pu grimper dans un arbre.

Les chats insouciants "ok chiens" ne se sont pas méfiés. Le massacre sanglant l'a déchiré, elle a perdu ses forces, et a cessée d'animer son association.

Pour ces raisons, je recommande de clôturer uniquement les jardins de maisons habitées.

Si vous faites un mur d'enceinte opaque (en planches, en briques ou en métal), un travail d'entretien de chaque côté de la clôture doit être maintenu, car un chat blessé essayant de s'approcher va s'épuiser et agoniser au pied du mur sans secours, et vous ne le verrez pas.

Laissez assez d'espace (2 mètres de large) pour passer autour à l'extérieur du mur avec un roto fil.

Cette image vient du site http://www.shellethics.com/animals/cat-enclosures/

Liens à copier-coller pour trouver des matériaux sur internet :

http://www.zooplus.fr/shop/chats/chatieres_filets_protection_chat/ filets_protection_balcon

http://www.polytrans.fr/chats/cloture-antifugue-barriere-chatiere/ barriere-habitat-chatiere/13167-filet-securite-habitation-pour-chat-et-petit-chien.html

L'association Jardins félins peut envoyer du filet noir largeur 1m80, à carreaux 5cm, pour 2 € le mètre longeur.

Contact : http://www.cloturespourchats.com

J'ai eu de la destruction d'un bas de clôture en plastique par le rotofil d'un voisin, encore une raison de laisser un espace de 2 m comme dans ces images :

INTERIOR VIEW OF BACKYARD ESCAPE PROOF CAT FENCE

TÉMOIGNAGES

Témoignage d'un locataire :

"Pour quelqu'un en location temporaire, je pense que les piquets en plastique dur et flexibles avec un bout pointu (bout en métal c'est mieux) à enfoncer directement dans la terre, et le filet plastique noir à cadres 5 x 5 cm vendu pour biches par rouleaux de100 m (1m80 de large), sinon il y a "Fastnet" seront suffisamment légers.

Si un chat essaye de l'escalader, ce clôture se plie sur lui et le chat lâche l'affaire, puis le clôture se redresse à l'endroit."

Témoignage sur la sécurité :

"Rarement un mois passe sans que je n'entende parler d'une blessure ou autre malheur arrivé à un chat dehors.

Nous avons 6 chats. A aucun moment ils ne sont exposés au hasard des dangers de la route, aux chasseurs, aux pesticides, aux herbicides, aux chiens errants, aux renards, etc. et ils n'embêtent aucun voisin.

Désormais on voit nos chats jouer dehors à l'air libre de notre jardin et nous avons toute la joie de les regarder à cœur reposé !

Nous avons une maison mitoyenne, en ville, avec un jardin de 5 mètres sur 10 mètres dont la moitié est complètement grillagée pour protéger les chats.

Le coût de cette installation est compensé par la tranquillité de savoir que les chats sont heureux et en lieu sûr.

Les dépenses ne sont pas excessives de toute façon.

Les chats préfèrent un territoire clairement protégé pour eux où ils sentent qu'ils sont en sécurité.

Ils peuvent passer davantage de temps dehors, et n'ont plus peur de l'extérieur car ils comprennent que la clôture les protège.

Ils voient que nous leur donnons des limites et que nous les gardons proches de nous et ils apprécient cette attention.

De toute façon, l'action positive de clôturer est nécessaire pour leur éviter une fin malheureuse et prématurée."

Témoignage pour clôture grillage :

"Pour ma clôture, j'ai mis des piquets "T" en métal dans du ciment épais et j'ai tout trouvé dans des coopératives agricoles et brico-jardi magasins."

Même si votre jardin est étroit ou petit, vous pouvez utiliser un grillage léger et cimenter le long du bas du grillage pour qu'ils ne passent pas en dessous.

Témoignage détaillés pour portail et arbres :

"Il est essentiel de mettre un verrou au portail pour éviter que les visiteurs ne l'ouvrent sans que vous soyez averti, et qu'un chaton insouciant ou un chat nouveau n'y passe et se perde.

Avant de laisser les chats en liberté dans leur jardin, regardez s'il y a un

arbre ou un abri de jardin à moins de 3 mètres de la clôture.
Si oui, déplacez-le, taillez-le, tronquez-le, ou rajoutez du grillage !

Près de notre clôture se trouve un arbre. Une solution adaptée à ce problème a été trouvée : Nous avons rajouté du grillage plastique de 1 mètre de large, en le faisant soutenir par l'arbre pour donner l'impression esthétique que l'arbre aurait poussé à travers le grillage."

Témoignage des résultats :

"Nos efforts ont pour résultat que les chats peuvent rester dehors au crépuscule qui est le moment où ils aiment le plus pour être dehors à courir à la folle poursuite de feuilles mortes ou de souris imaginaires.

C'est aussi le moment de la journée où les chats sont tués sur les routes, alors nous les avons maintenu à l'intérieur jusqu'à ce que le jardin soit clôturé.

Nous sommes désormais tranquilles.

Nous ne nous dépêchons plus au portail à chaque fois que nous entendons une voiture freiner, nous ne vivons plus sous la menace d'une possibilité de capture par l'escouade meurtrière de la fourrière, ou par un chien errant "joueur".

L'ultime idéal, bien évidement irréalisable, serait de vivre dans un monde où ces dangers et morts cruelles n'existeraient pas, mais face à la <u>réalité</u> nous avons réagi pour retrouver la paix.

Nous avons créé un environnement sûr qui garantit le bonheur pour nous et nos chats.

Notre petit jardin offre une liberté suffisante pour combler les besoins et les envies des chats.

Nous sommes heureux de savoir que nous les protégeons de fins horribles qu'ils ne méritent pas."

Témoignage au sujet du territoire :

"Au bout de quelques jours, tous nos chats avaient accepté leurs nouvelles limites.

Les chats jouent davantage entre-eux depuis que le jardin est fermé."

Témoignages Aménagements :

"Les chats ont des objets dans le jardin pour que leur environnement remplisse leur besoin d'activités : une table de jardin, un abri de restauration en bois ouvert sur les 2 côtés, recouvert de tuiles d'argile, car les chats affectionnent tout particulièrement les toits.

Les chats font leurs griffes sur les parties verticales en bois et ils escaladent pour se prélasser au soleil sur leur mini-toit à 1,5 m du sol.

Tout dans notre jardin est plaisir pour nous et nos chats.

Nous avons installé une table au jardin et une structure en bois bricolée expressément pour servir de griffoir et arbre à chats avec un demi-toit, aussi à 1,5 m du sol, en tuiles d'argile."

Témoignages Mémoriaux :

"Notre petite Fluffe avait seulement onze mois lorsqu'un homme ignoble l'a tuée au fusil.

Elle a payé de sa vie ses quelques mois de liberté démesurée.

N'attendez pas une tragédie pour décider d'agir."

"Si nous avions agi plus tôt, deux merveilleux chats seraient encore avec nous.

Nous sommes pour toujours privés du bonheur que nous avons connu en partageant notre quotidien avec eux."

Témoignage Chats athlètes :

"Ayant récemment perdu deux de nos chats bien aimés, l'un sur une route et l'autre abattu au fusil, nous avons décidé de réagir pour protéger nos autres chats.

Nous ne voulons pas non plus les garder enfermés dans la maison les jours de soleil, alors nous avons opté pour la solution de clôturer notre jardin.

Les chats aiment exercer leurs talents athlétiques.

Les clôtures ordinaires sont pires qu'inutiles :

Blessé, Calinou, ayant été renversé par une voiture, n'a pas pu grimper la petite barrière pour rentrer.

Il est resté là obligé d'attendre des heures, jusqu'à heureusement l'un de nos voisins l'aperçoive et nous en avertisse.

Notre jardin avait une clôture, de chaque côté, en bois de deux mètres de haut, et un petit mur en pierre au fond.

Voici comment nous avons procédé :

1). Devant le mur en pierres, nous avons planté des poteaux métalliques de 2,6 mètres à 60 cm de profondeur dans du béton, tous les 2 mètres.

En haut, ils ont un angle de 45° avec des trous pour faire passer des fils de fer 3 mm (diamètre).

Ces poteaux soutiennent un grillage, les fils de fer sont enfilés dans le grillage et dans les poteaux au fur et à mesure que le grillage est déroulé.

2). En haut de notre clôture en bois, nous avons attaché des barres métalliques) qui ont un angle de 45°.

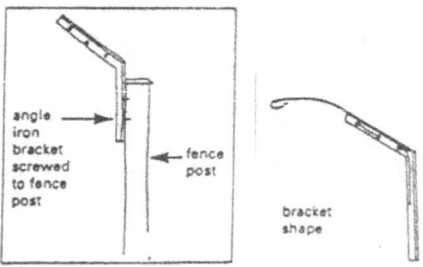

Nous avons utilisé du grillage pour clématite.

Pour attacher le grillage aux rallonges métalliques nous avons passé un fil de fer dans le grillage et les barres.

Nous avons agrafé le grillage au bois tous les 10 cm.

Un des chats, en faisant l'exploration de notre œuvre nous a gentiment montré le point faible de notre travail !

Ensuite nous avons rallongé le haut de la clôture en attachant des morceaux de fil de fer de 3 mm (diamètre), 50 cm de long, aux poteaux.

Puis le même chose le long de la maison en l'attachant aux supports des gouttières."

Clôture "chic" en panneaux de métal ou de bois :

"Si vous n'avez aucune clôture au départ, nous conseillons les panneaux métalliques par rapport au vis à vis du voisinage.

Les clôtures dans les deux images ci-dessous, sont idéales pour la ville ou si le jardin longe une voie publique.

Elles ont d'autres avantages, elles ne attirent pas l'attention des chats vers l'extérieur, et elles protègent efficacement contre les chiens."

Minimising risk:
Attractive
fencing keeps
puss safe

Clôture classique à ossature métal :

Dans les images qui suivent, vous voyez un double portail et de la clôture de deux mètres de haut. Reste encore à trouver les références des composants en France, car ce kit n'est vendu qu'aux États-Unis !

Elle ne doit être installé qu'en lieu protégé, car bien que de joli effet, elle ne convient qu'aux jardins déjà inaccessibles pour les chiens et la publique (sauf sur invitation et sous supervision directe le temps d'un discussion), car ce type de clôture peut être écrasé par malveillance.

Clôture à ossature bois (juste les coudes en métal) :

Témoignage, le jardin difficile :

"Pendant des années nous avons songé à clôturer notre jardin pour protéger nos chats, mais le jardin est en pente avec beaucoup d'arbustes et cela nous a semblé impossible.

Puis, en juin 1995, l'un de nos chats a été tué par une voiture devant notre maison sur une petite route tranquille.

Quelques jours après, nous avons vu une femme en détresse qui portait son chat mort au bord d'une autre route non loin.

Nous devions réagir !

*Nous avons décidé de commencer **avant** de connaître les solutions !!!*

Nous avons résolu les problèmes au fur et à mesure !

Dans les faits, certaines choses que nous avions redoutées ont finalement été faciles à réaliser.

Notre jardin était clôturé par un mur de briques sur un côté, une haie et des panneaux de pergola sur les autres côtés.

Nous avons procédé comme suit :

1). Le mur avait une hauteur d'un mètre à un bout et de 2 mètres à l'autre (à cause de la pente) : Nous avons choisi d'ajouter une rangée de panneaux de pergola de 1 mètre sur 2 mètres en les fixant à des poteaux (6 cm x 6 cm) de bois.

Les poteaux verticaux (6 cm x 6 cm) sont vissés au mur grâce à des "coudes" métalliques 90°. En haut de chaque poteau vertical est vissé un bâton horizontal en bois de 5 x 5 cm, de 50 cm de long pour faire un rebord vers l'intérieur.

Nous avons agrafé du grillage plastique à carrés de 5 x 5 cm, aux poteaux horizontaux, et au dos des panneaux verticaux.

Nous avons un arbuste de plus de 3 mètres de haut près du mur :
Nous ne l'avons

pas coupé mais nous avons rajouté un mètre de plus à la clôture verticalement à cet endroit et adapté le grillage horizontal. Voir image.

2). Sur la clôture en bois, nous avons fait un rajout de 1 mètre avec des panneaux de pergola, puis un rebord vers l'intérieur (image ci-dessus).

Les poteaux de la clôture existante sont espacés de 2,6 mètres tandis que nos panneaux sont de 2 mètres de long, nous avons donc raccordé les bouts des panneaux à l'aide de petites bouts de métal plat vissés.

3). Le long de la haie, nous avons monté une nouvelle clôture en laissant un espace d'un mètre (2 mètre est mieux) pour permettre son entretien.

On aurait pu laisser 2 mètres pour faciliter l'entretien.

Nous avons installé des poteaux verticaux en béton contre lesquels nous avons fixé des poteaux verticaux en bois de 10 x 10 cm parce qu'on pourrait attacher les panneaux de pergola.

Creuser les trous fut très dur à cause des racines de la haie, nous avons donc loué, pour un week-end, une machine qui fonctionne à l'essence et qui fait des trous rapidement.

Un de nos chats a escaladé les panneaux de pergola alors nous avions rajouté 25 cm de grillage pour faire un rebord horizontal.

Le jardin descend en pente, alors nous avons rempli les espaces triangulaires, sous les panneaux, en se servant de découpes de panneaux.

Puis nous avons agrafé du grillage plastique, en laissant quelques centimètres de grillage au sol pour le sécuriser en le recouvrant de ciment fait à la main dans un bassin en plastique.

Suite à notre expérience, nous conseillons :

 # Si vous êtes pris par votre travail, trouvez rapidement un professionnel pour installer votre clôture.

 # Ne jamais écoutez quelqu'un qui vous dit que ce n'est pas praticable.

 # Si une clôture existante est fragile, remplacez-la.

Autre clôture avec pergola :

Très important, notez le rebord haut en grillage horizontale vers l'intérieur.

Fenêtres

Pour les maisons sans jardin, ou pour les chats qui ne doivent pas sortir (s'ils sont aveugles, blancs[1], malades, ou sous surveillance, …), ainsi que pour les fenêtres à l'étage, faites une simple cadre grillagée, la taille de l'ouverture, et la fixer en place avec des loquets targettes.

Ainsi les chats peuvent profiter du soleil (les vitres annulent les rayons bénéfiques essentiels à la santé) et de l'air frais et peuvent s'amuser à voir ce qui se passe dehors !

1

On doit limiter l'exposition des chats blanche au soleil.

http://www.securitechats.ch/produit/fenetres/cadre-velcro/filet-fixe-par-velcro

http://www.zooplus.fr/shop/chats/chatieres_filets_protection_chat/protection_fenetre

http://www.zooroyal.fr/chat/chatiere-filet-de-securite/filet-de-securite-pour-chat/

Témoignage fenêtres :

"Avec le système d'accrochage que nous avons adapté, le cadre s'enlève et se remet en un tour de main.

Pour la fenêtre à bascule, les protections ont été achetées à zooplus et adaptées à la dimension de notre fenêtre.

Nous avons scié à la dimension adéquate et fixé directement.

C'est très efficace et surtout on peut ouvrir les fenêtres !"

Fenêtres et balcons doivent toujours être grillagés afin d'éviter les chutes : le cliché qui veut que le chat tombe toujours sur ses pattes ne l'empêche pas de s'écraser au sol et en mourir.

Les chats ne retombent pas toujours sur leurs pattes.

C'est un mythe.

La réalité est :

Les chutes depuis une fenêtre à l'étage sont la première cause de mortalité de chats dans les villes !

Fixez une solide moustiquaire plastifiée, ou une grille fine en métal rigide.

A conseiller aussi à ceux qui habitent en rez-de-chaussée, cette petite installation est très utile pour empêcher les chats d'aller embêter les voisins. Ou si vous préférez un service complet (payant) appelez 06.80.12.03.76.

FOLIES AUX FENÊTRES :

Il joue au bord des **fenêtres** ouvertes ?

Tomber sur les pattes n'empêche pas de les casser au sol, et les os des chats sont au moins aussi fragiles que les nôtres.

Il arrive même aux chats de perdre l'équilibre ! Ou qu'ils se se rendent pas compte qu'ils n'ont plus pieds.

La chute depuis une fenêtre tue plus de chats dans les villes que tout autre cause de mort chez les chats de compagnie.

Fixez un solide cadre à la taille de la fenêtre.
Attachez à cette cadre de la moustiquaire plastifiée solide, ou du grillage plastique noir.

J'en ai à 2 € le mètre linière, contactez **foyerfelin@gmail.com**

Cette idée est conseillée aussi bien pour les chats qui habitent en rez-de-chaussée, pour les empêcher de faire mauvaise reputation à leurs espèce auprès des voisins.

Balcons

Chalet-chats

Un site internet très complet à ce sujet se trouve à l'adresse suivante :

http://www.sosfelins.com/comment-faire-de-la-capture-sterilisation-retour-maintien-csrm/abris-dhiver-pour-les-chats/

Une division intérieure fait couloir depuis l'entrée pour servir de paravent.

Pour l'isolation du toit d'un abri pour chats, utilisez du polystyrène.

Si votre Chalet-chat suit le plan ci-dessus, la doublure des murs peut être remplie de copeaux de bois secs.

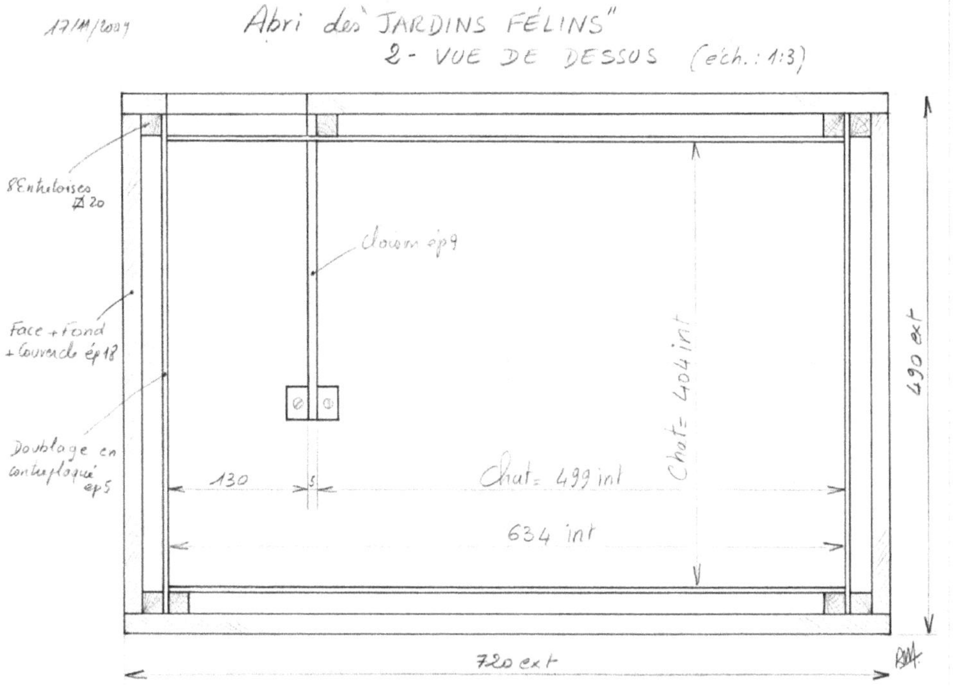

17/11/2009   *Abri des "JARDINS FÉLINS"*
                2 - VUE DE DESSUS (éch.: 1:3)

8Enkelosses
∅ 20

clous ép9

Face + Fond
+ Couvercle ép 18

Doublage en
contreplaqué
ép 5

130   5

Chat = 499 int

Chat = 404 int

634 int

490 ext

720 ext

Autres modèles de Chalets-chats :

N'utilisons plus jamais de la
paille / foin fait avec des
machines, car j'ai trouvé
un chat écrasé à
l'intérieur d'une botte
ronde de foin.

N'ajoutons pas à la
production de bottes.

On peut trouver des laines destinés à être jetés dans les boutiques des
friperies, secours sociaux, et dans les vide-greniers.

Le toit de l'abri doit pouvoir se
soulever pour passer la
balayette et changer les
laines/copeaux.

L'abri doit être posé sur des
briques pour éviter que
l'humidité ne monte.

Un chalet-chats devrait toujours être installé dans une propriété privée pour éviter que les trafiquants de peaux n'en profitent pour séquestrer les chats.

Une petite structure aux côtés ouverts, pour que la nourriture soit à l'abri de la pluie, peut être très esthétique, avec un toit qui laisse 30 cm de hauteur pour les gamelles.

L'HISTOIRE DU CHAT, SES ORIGINES

Les chats dehors ne sont pas sauvages ils sont d'origine domestique, l'espèce n'a jamais existé en tant qu'animal sauvage.

Voila *Felis sylvestre* le chat sauvage européen : rien à voir avec les chats de nos villes et campagnes qui eux sont d'une espèce domestique, *Felis lybica*.

Voila en images **le chat sauvage européen (*Felis sylvestris*),** il pèse quatre fois le poids d'un chat domestique.

Il vit aussi loin des humains que possible, uniquement dans ce qui reste des forêts ancestrales d'Europe centrale et méridionale.

En France, on le signale dans les forêts des régions de Bourgogne, Lorraine, Auvergne, Languedoc, dans les Pyrénées et le massif forestier de Fontainebleau.

De la taille d'un renard, sa fourrure est tigré brun-roux-gris, et sa queue annelée est en forme de massue.

Longueur comprise entre 100 et 115 cm, pelage gris-fauve ponctué de fines raies noires, gorge blanche, queue épaisse et velue, oreilles bases, impossible de le confondre avec l'espèce importée domestique.

Robuste et farouche, il est inapprivoisable.

Il se nourrit de rongeurs et de passereaux, de levrauts, de faisans, de coqs de bruyère, et de faons de chevreuils.

Maintenant pour l'histoire du chat, le chat de nos villes et campagnes, (*Felis lybica*).

Introduit en Italie par quelques soldats romains au retour d'Égypte en 30 avant J.-C., le chat est arrivé en France avec les troupes romaines au cours du premier siècle. Mais remontons d'abord à ses origines beaucoup plus lointains....

Cette espèce est le fruit d'une symbiose (entraide mutuellement bénéfique) entre l'homme et les quelques individus de l'espèce *Felis sylvestre* restés avec les êtres humains au nord de l'Afrique il y a 11 500 ans lors de la fin de la dernière période glaciaire.

Il s'agissait certainement d'individus trouvés lorsqu'ils étaient chatons égarés de leur nid, orphelins ou blessés que les humains ont protégés et nourris.

Vivants isolés de leurs congénères, et près de l'homme au fil des milliers d'années, des adaptations génétiques ont créé une espèce nouvelle, plus petite, d'un quart du poids de l'espèce d'origine, et avec un attirance inné pour l'espèce humaine.

Des archéologues ont retrouvé des ossements de chats à Jéricho dans un site humain de la période du Néolithique vieux de plus de 9000 ans.

Un squelette de chat daté de 6000 ans avant J.-C., (donc vieux de 8000 ans), a été déterré à Chypre, et cette île n'a jamais été habitée par des chats sauvages.

Des images datant de 5000 ans avant J.-C., d'une femme jouant avec des chats, ont été trouvées sur un site archéologique néolithique à Ankara, Turquie.

Felis lybica est officiellement faune africaine car il y est indigène, l'Égypte étant le berceau de l'espèce, mais même en Égypte elle ne vit qu'auprès des humains.

Cette espèce n'est donc même pas un animal sauvage dans son pays d'origine, elle n'a jamais existé indépendamment de l'homme.

Les chats étaient idolâtrés par les Nubiens dont la civilisation date de 3100 av J.-C. et était située en Égypte.

Les représentations détaillées figurent dans de nombreuses peintures égyptiennes avec un pelage brun roux, tigré, ocellé ou pointillé, de grandes oreilles et le corps gracieux et élancé.

Lorsque les Égyptiens ont commencé à cultiver le long de la vallée du Nil, il y a 4000 ans, (début de l'agriculture et du stockage de grains) la présence des chats protégeait les précieuses récoltes dont la vie des fermiers dépendait.

Ainsi, les humains ont apprécié encore plus la compagnie des petits félins qui jouaient à la lumière du feu.

A partir de 1600 ans avant J.-C., les marins égyptiens qui emportaient des chats sur leurs bateaux pour protéger leurs réserves et leurs marchandises, ont donné quelques chatons lors des étapes commerciales en Orient, en Asie, Crête et des îles grecques.

Les premiers possesseurs européens n'étaient que quelques riches citoyens vivant en Grèce, en Crête et en Italie.

Le chat devint un animal sacré en Égypte à partir de 1567 ans avant J.-C. et il était déclaré illégal de sortir un chat d'Égypte.

Les Égyptiens voyaient en lui l'incarnation de la déesse Bastet, à tête de chat, associée au soleil, la prospérité, le bien-être et les plaisirs de la vie : sexualité, sérénité, fidélité, musique, danse, amour.

Lorsque les gens désiraient obtenir une faveur de la déesse Bastet, ils apportaient les meilleurs poissons en offrande à ses représentants terrestres, les chats.

A la mort d'un chat, son corps était momifié, puis enterré dans des tombeaux pour chats.

On a retrouvé des milliers de ces momies.

Plus que 300 000 furent découverts lorsque la momie Beni-Hassan a été trouvée par les archéologues au dix-neuvième siècle.

Tuer un chat était un crime grave, puni par la mort.

En 1000 ans avant J.-C., en Chine, le chat était considéré comme animal de compagnie par la dynastie Han.

Plusieurs fables écrites par Aesop (Esope) en Grèce, concernent des chats.

Aesop est mort en 546 ans avant J.-C.

En Crête, environ 500 ans avant J.-C., une fresque représentant un chat a été créée à Hagia Triado, et nombre de terracottas (vases en terre cuite) en forme de chats ont été trouvées dans de nombreux endroits de cette île.

Par l'an 500 avant J.-C., les chats sont devenus communs en Chine.

Les récits de l'époque montrent qu'ils étaient estimés et choyés dans toute l'Asie car ils protégeaient les cocons de soie, et la compagnie d'un chat portait chance à son maître.

Le chat est en Inde depuis 200 ans avant J.-C.

Quelques chats étaient emmenés en bateau de l'Inde vers l'Éthiopie.

(Puis, beaucoup plus tard, en 1868, quelques spécimens de ces chats isolés en Éthiopie, furent transportés en Angleterre, et en 1896, les "chats d'Ethiopie" furent enregistrés comme une race : l'Abyssin.)

En 30 avant J.-C., l'Égypte est devenue une province de l'empire Romain.

Les soldats romains rentrant en Italie en permission, prenaient un chat pour l'offrir à leur famille.

Les œuvres d'art italiennes montrent bien que les Italiens appréciaient beaucoup ces cadeaux exotiques.

Mosaïques, poterie, fresques et littérature décrivent les chats comme des compagnons de la famille.

Il est dit que l'enfant Jésus a été calmé par une chatte qui s'est couchée à son côté.

Le ronronnement et la chaleureuse présence de la chatte ont bercé l'enfant qui s'est endormi tranquillement.

Dans la petite ville de Pompéi, ensevelie en l'an 79, un des corps déterrés des cendres volcaniques est celui d'une femme tenant le corps d'un chat dans ses bras.

Les chats ont été portés vers le nord avec l'empire romain.

Apporté par les Romains, le chat est arrivé en France durant le premier siècle.

Les empreintes de pattes de chats sont visibles sur les carrelages romains à Silchester, en Angleterre.

De toute évidence, les chats des Romains se sont amusés à marcher sur les carrelages en production et les Romains n'ont pas rechigné à employer les carrelages ainsi "signés".

Howell the Good (Howell le Bon), un roi du pays de Galles au premier siècle, a conçu des lois pour protéger le chat dans son pays en leur déclarant une valeur qui augmentait si le chat attrapait une souris.

Le prophète Mahomet (570-632), fondateur de l'Islam, préféra laisser son manteau plutôt que déranger le chat qui dormait dessus.

Des chats parvinrent à l'île du Japon en l'an 1000, cadeau de l'empereur Ichijo de Corée, pour protéger les manuscrits.

Et en 1300, l'empereur de Chine a lui aussi donné quelques chats à l'empereur japonais.

Les chats furent adoptés et choyés par la noblesse en Japon, puis peu à peu, ils devinrent communs dans toute la société, porteurs de bonheur et de bonne fortune.

Ils étaient promenés en harnais de soie, et ne sortaient pas dehors sauf en harnais et laisse de soie, car on les estimait précieux.

Le Moyen Age (476 - 1453) a vu, en Europe, les chats tomber en défaveur lorsque l'église Romaine a accusé de sorcellerie les païens et cathares qui ne se convertissaient pas à sa religion.

Il était jugé comme un "crime" capital de ne pas se plier au nouveau dogme romain !

Les natifs ne montraient aucun intérêt pour cette dictature despotique déclarée "religion" par les envahisseurs Catholiques.

Jésus Christ n'aurait jamais voulu brûler les "sorciers" ni leurs chats ! Car il possédait lucidité et compassion.

Arrivant de l'Asie les bateau des marchands apportaient la peste (transmis par éternuements) à l'Europe en 1347, (et certainement d'autres infections depuis toujours).

Cette infection a sévi en Europe de 1347 à 1354 dans les populations citadines, car leurs systèmes-immunitaires étaient affaiblis par l'insalubrité des villes de l'époque.

Mais, ne connaissant pas encore l'existence des résistances internes, les peuples cherchaient des boucs émissaires pour s'expliquer le fléau, et s'attaquaient à les personnes "mystérieusement" résistantes.

Ces personnes résisté aux microbes car elles se nourrissaient de plantes sauvages et bien que pauvres (car célibataires) elles étaient heureuses et tranquilles, car elles avaient des chats.

Les dirigeants de la secte catholique ne supportaient pas que les chats fussent une source de bonheur et d'équilibre émotionnel, car l'église voulait faire croire qu'elle pouvait assurer le bonheur et la santé à condition d'obéissance à l'église.

Des milliers de femmes célibataires étaient accusées de sorcellerie, noyées ou brûlées vives avec leurs chats.

Hypocrites, les religieux ne se privaient pas des bienfaits des chats vivant avec eux !

Un édit des autorités ecclésiastiques permettait la présence de chats dans les couvents de nonnes et de moines lors des épidémies de peste !

Ils profitaient de cette source de bien-être et de la protection offerte contre la peste par la présence reposante de chats.

En dehors des couvents, ils permettaient la continuation des tueries et persécutions de cet animal bienfaisant.

Le chat est devenu rare en Europe au 14e siècle.

En 1494 le pope Innocent III a ordonné que toute personne déclarant aimer des chats soit accusée de sorcellerie et brûlée.

La chasse aux "sourcières" a duré 300 ans, jusqu'aux années 1790.

Mais ensuite, à cause de la manque de bonheur et tranquillité qu'apporte la présence de chats et de personnes connaissant les vertus fortifiant des plantes, d'autres épidémies de "peste" ont pu tuer le tiers de la population humaine d'Europe.

Dans les mémoires du poète Joachim du Bellay (mort en 1560), on trouve des cris du cœur d'un amoureux des chats qui vient de perdre son compagnon.

La citation suivante est extraite des tribunaux de la chasse aux sorciers du 17ème siècle : "Il lui a dit qu'il la croyait être une sorcière car mécontente elle lui a dit qu'un diable féminin viendrait sous peu l'emporter, et que la nuit suivante un chat est venu à la fenêtre de sa chambre, puis a sauté sur son lit, s'est installé sur lui près de son cou.

Il a eu l'impression d'étouffer, il a crié implorant l'aide de Dieu et le chat apeuré a pris la fuite."

La dernière épidémie de peste à Londres, est survenue en 1665 à la suite de la dernière destruction massive de chats dans cette ville.

Les personnes qui ont survécu à l'épidémie sont celles qui avaient accueilli des chats et les ont protégés à l'intérieur de leurs maisons.

La chasse aux "sorcières" en France a été officiellement abolie durant les années 1790, ville par ville.

Alors, plus rien n'empêchait les amoureux des chats de déclarer leur passion, et le chat a repris son statut de compagnon bienfaisant.

Et, il n'y a pas eu d'autre épidémie de peste en Europe depuis.

La "peste" n'existe actuellement qu'en Inde où la densité de chiens errants est si forte qu'il n'y a pas de chats.

Le chat a inspiré des peintres, exemples, Edouard Manet, Félix Valloton (1865-1925), George Stubbs, Pierre Auguste Renoir (1841-1919), Amédée Daille (1896-1965), des sculpteurs, des écrivains exemples, Colette (1873-1954), Champfleury, Mérimée, Rostand, Vian, Jean Cocteau, Steinlen, Victor Hugo, Théophile Gautier, Bathus, Leonor Fini et Baudelaire (né en 1821), et des musiciens exemples, Domenico Scarlatti (1685-1757 dont le chat Pulcinella a composé La Fugue du Chat sur le clavecin de son maître), Maurice Ravel (1875-1937).

En 1941, le ministre anglais de la nourriture a annoncé que "les chats faisant un travail d'importance nationale" méritent d'être nourris et soignés.

Le travail était de protéger les stocks de nourriture des rongeurs.

La consanguinité était inévitable vu le petit nombre initial de chats se trouvant en chaque ville, des mutations sont apparues accentuant une couleur, ou la longueur des poils, la couleur des yeux, les déformations de la colonne vertébrale, des oreilles, du nez, etc.

Le premier Manx, (nom donné aux chats avec des déformations dorsales et sans queue), est apparu sur l'île de Man en 1600 à la suite d'une mutation génétique spontanée au sein de la petite population féline locale.

Les premiers chats polydactyles connus, sont nés sur un bateau d'émigrants arrivant à Boston vers 1605 en provenance de Cornouailles.

L'homme a voulu dominer ces particularités locales.

Le strabisme ou yeux louchant de certaines lignées de Siamois est un triste témoignage du consanguinité encouragé par les hommes.

À partir de 1860, des chats ayant certaines caractéristiques génétiques particulières devinrent des "chats de race" : le Persan venu de Perse (Iran), l'Angora venu d'Ankara en Anatolie (Turquie) avec les marchands italiens depuis 1630, le Turc de Van venu d'Arménie (Kurdistan), le Bleu russe du port d'Arkhangelsk, le Siamois (dont la particularité est d'être pâle sauf sur la tête, la queue, et les pattes) est apparu 200 ans avant J.-C. en Siam (Thaïlande) et a été enregistré comme une "race" en 1880, le Bobtail de l'île du Japon.

Un autre exemple de mutation génétique est la nudité de trois chatons issus d'une portée née en Ontario en 1978.

Un homme Hollandais en vacances, a pris les chatons et a reproduit cette déformation délibérément par élevage incestueux.

Les chats bleus, venu des montagnes syriennes durant les croisades du Moyen Age, étaient nommés "Chartreux" par les Parisiens au XVème siècle à cause de leur ressemblance avec une douce laine importée d'Espagne sous le nom de "pile de Chartreux".

Ce nom leur a été accordé officiellement en 1928.

De nos jours, en Angleterre une maison sur deux a au moins un chat.

Les chats noirs y sont depuis longtemps revenus à leur statut de porte-bonheur.

On associe toujours les chats noirs à Halloween et aux sorcières dans les histoires pour enfants, mais cela en tant que personnages bienveillants.

Tous les chats, qu'ils soient avec ou sans "pedigree", qu'ils vivent dans une maison ou à la rue, qu'ils soient choyés ou à l'abandon, ils descendent de cette espèce qui a vu le jour au nord-est de l'Afrique, *Felis lybica*.

Tous les membres de cette espèce restent instinctivement proches des habitations humaines à la recherche de chaleur et de nourriture.

Avant les "chasses aux sourciers", une chatte ne faisait qu'un chaton ou très rarement deux. Mais au file des 300 ans de tueries, les rares survivants de chaque massacre avaient grande chance de porter en eux le gène de la multi-fécondité.

De nos jours, en France, un ménage sur quatre possède au moins un chat.

Actuellement, chaque année, des millions de chatons sont adoptés puis, après quelques mois, abandonnés dans les refuges ou dehors.

Cette situation dramatique est due aux maîtres qui n'ont pas fait stériliser les chats qu'ils nourrissent.

Beaucoup sont tués par les blasés de la route qui ne veulent lever le pieds quand ils voient un chat aux abords de la route.

Voilà pourquoi il est indispensable de faire stériliser les chats que vous voyez avant qu'une autre portée ne naisse.

Faire stériliser dès que le vétérinaire peut donner le rendez-vous est donc essentiel à la protection animale !

La stérilisation est bénéfique à la santé des chats.

Cette opération sûre et sans douleur se fait sous anesthésie générale.

Les chats peuvent être stérilisées à quatre mois avec les équipements médicaux ultra modernes, sinon à six mois pour les femelles et 7 à 9 mois pour les mâles.

La pilule et la piqûre contraceptives pour chattes ont des effets secondaires graves : déprime, fragilisation utérine aux infections, cancer des mamelles.

La densité des chats errants en France est plus élevée que jamais.

Si vous connaissez un lieu où il y a des chats dehors, envoyez un émail à foyerfelin@gmail.com , ou trouvez les personnes qui les nourrissent, trouvez un vétérinaire qui stérilise les chats de dehors à petit tarif, faites-vous prêter des cages de capture-transport ou en achetez, sollicitez une association de proximité, comme "Jardins félins", avec une demande de collaboration.

CITOYENS

N'amenez jamais un chat trouvé dans une fourrière (ni dans une clinique vétérinaire si celle-ci fait office de fourrière) car le chat pourrait ne pas être restitué s'il n'a pas déjà un numéro d'identification.

Ne l'amenez pas non plus dans un refuge, car ils ont toujours trop de chats et risquent de ne pas le garder s'il n'a pas un numéro d'identification ou ses maîtres ne réagissent pas.

Il y a des frais à régler immédiatement et il serait probablement tué dès votre départ même si vous avez reçu le promesse du contraire !

Même un chat avec un numéro d'identité risque d'être tué dans la fourrière au bout du délai réglementaire variable si le maître n'est pas joignable ou ne se déplace pas immédiatement.

Les personnes voyant des chats errants peuvent contacter une association s'occupant de chats errants, comme "Jardins félins".

L'assistance sera précise et en fonction du besoin des chats (exemples, pour la capture, le transport, un vétérinaire compétant).

Si vous ne vous trouvez pas à proximité d'une des association indiquées sur la liste de "Jardins félins", une clinique vétérinaire vous donnerait les coordonnées d'une association qui les amène des chats errants à stériliser.

Si une clinique vétérinaire n'en connaît pas, rapprochez-vous d'une autre jusqu'à de trouver une qui accepte les associations.

Si vous ne faites pas déjà partie d'une équipe expérimentée engagée à faire stériliser les chats de cet endroit, évitez de signaler la présence de chats aux autorités car les mairies, élus, fourrières n'ont pas le bien-être des chats à cœur et pratiquent encore l'enlèvement et destruction (assassinat) de chats errants au dépit des loi qui interdissent de tuer un chat sans avis vétérinaire.

Malheureusement on trouve souvent les cliniques vétérinaires et refuges font office de fourrière et tuent des chats en bon santé !

Avec une mine d'expériences, de ressources et réussites, l'association "Jardins félins" est à votre écoute, et trouve des personnes qui souhaitent satisfaire toutes les parties concernées dans une ambiance agréable pour résoudre tout souci de chats errant.

Il y a des choses différents à connaître selon votre région, même chaque canton peut avoir quelque chose d'utile à savoir avant de parler aux autorités d'un souci.

Deux exemples :

1). Dans le Var, le Conseil régional, pour soutenir les associations qui stérilisent les chats errants, règle les factures des stérilisations pour moitié, et chaque mairie complète pour les chats de sa commune.

2). A Gimont dans le Gers, le maire, un magistrat se croyant ainsi au dessous de la loi, s'est livré à des chasses aux chats avec les chiens et en a tué de cette façon complètement illégale, nombre de chats sur sa commune avant de se faire arrêter et disgracié.

Chat à placer ?

Par précaution, il faut savoir qu'il est dangereux de donner un chat sans vérifier la carte d'identité de l'adoptant, et sa dernière facture EDF comme preuve de domicile en vérifiant que le visage de la personne est bien celui de la photo sur sa carte, et que les noms et prénoms sont les mêmes sur les deux documents (qui doivent être authentiques, pas des photocopies préparées).

Pour vous aider à faire adopter les chats que vous trouvez, une association de proximité s'occupant de chats publiera dans ses réseaux de communications, les photos que vous pouvez prendre avec un téléphone mobile à l'heure du nourrissage.

Envoyez-les avec votre code postale, par émail à **foyerfelin@gmail.com**

Toujours passer par une association afin qu'une visite pré-adoptive soit effectuée par une personne expérimentée en la matière.

Vous nourrissez des chats errants ?

NOURRISSEURS, vous êtes une voix pour les chats, donnez une bonne image !

Nourrisseurs, que ce soit dans un jardin, un terrain vague, un lieu public, ou une ferme, sachez que si vous voulez avoir le plaisir de nourrir une chatte, vous devez impérativement la faire stériliser en contrepartie, sinon vous êtes dans le cadre de L'Article R 653-1 du Code Pénal qui concerne la négligence entraînant la mort d'animaux domestiques (les chatons de chats errants).

Peut-être vous serez également coupable de déranger la tranquillité publique (le voisinage) avec une population de chats non-désirés, qui conduirait à l'enlèvement des chats vers la fourrière où ils seront détruits.

Si vous les faites stériliser, ils auront la vie sauve, aucune plainte ne sera émise par les voisins, car les chats stérilisés sont paisibles et casaniers.

Ensemble on est plus fort, alors contactez dès maintenant Jardins félins ou une association de proximité s'occupant de chats, afin de trouver une solution adaptée à votre situation.

Sans quoi vous aggravez le problème par votre silence.

Émail : **foyerfelin@gmail.com**

Votre vie durant vous serez content d'avoir fait la bonne action de faire stériliser.

Si vous nourrissez les chats, ce sera à heure fixe tous les jours afin de les voir tous de près et ce pour suivre leur santé.

Gardez l'endroit propre avec les gamelles protégées de la pluie, enlevez la nourriture non consommée, ne donnez pas de croquettes sèches et pour l'eau utilisez des gamelles lourdes (céramiques).

Ne laissez pas d'emballage sur place, ni de gamelles légères.

Il est important que l'on perçoive votre action de manière positive : positive pour l'endroit, pour l'environnement et pour la tranquillité du voisinage.

Initiez la conversation sur les chats avec les propriétaires et voisins curieux, cela pour attirer leur attention sur le fait que les chats nourris sont stérilisés donc utiles.

Prenez note des commentaires de chacun.

Ne laissez rien passer, notez tout souci, précisez que vous pouvez y remédier et que vous allez commencer par apporter une information écrite dans les 24 heures afin de choisir ensemble des solutions les plus adaptés aux circonstances.

Assurez-vous que les chats soient stérilisés (avec le soutien d'une association d'aide aux chats errants pour les logistiques au besoin de capture, transport et vétérinaire).

Vos relations publiques sont importantes pour assurer la sécurité des chats :

1. Pour rétablir la sécurité des chats dans le voisinage, la première étape est **d'écouter en détails les soucis exprimés par les personnes représentatives de l'endroit** (exemples : le propriétaire, le Syndic, la mairie, l'exploitant, ou le directeur) et les rassurer que vous allez résoudre ce souci avec l'aide d'une association compétente.

2. Souriez et offrez à chaque personne que vous croisez, une carte de visite (la votre ou celle de l'association qui appuie votre action) lorsque vous êtes sur les lieux où sont les chats.

Initiez des conversations avec les voisins et des passants au sujet des chats, **écoutez-les pour cerner leurs soucis et leurs souhaits**.

Dites à chacun que vous êtes la personne à contacter pour tout souci de chats errants, car vous êtes le Contact local d'une association qui propose des solutions pour chaque situation afin que s'instaure la paix entre eux et les chats du voisinage.

3. Ajoutez votre numéro de téléphone personnel au dos de chaque carte.

Écoutez vos messages téléphoniques si vous loupez des appels, et rappelez les appelants dans la journée.

 # 4. Posez des questions qui montrent votre volonté à identifier les soucis exacts de chacun vis-à-vis des chats.

Par exemple, quelqu'un indiquant initialement que les chats errants l'embêtent, est probablement importuné par un seul chat territorial qui vient dans son jardin.

Posez-lui des questions pour cibler avec précision la cause du souci, demander le nombre et la couleur des chat(s) vus dans son jardin, afin de cerner le problème exact et apporter la solution adéquate.

A chaque interlocuteur informez-le de la campagne de stérilisation des chats qui les rendra propres et casaniers.

 # 5. Proposez, au besoin, de poser un appareil repoussant dans son jardin qui va éloigner les chats.

Rassurez-le en lui expliquant que si ces mesures ne lui apportent pas les résultats escomptés, on peut mettre en œuvre d'autres solutions pour garder les chats dans des jardins où ils sont les bienvenues, notamment à l'aide des plantes de Menthe cataire, des Chalets-chats et des Clôtures spécialement conçues pour les chats, approuvées par la légendaire Maliki[2].

 # 6. Si un interlocuteur demande à voir des preuves, proposez de lui montrer sur Internet le site **foyerfelin** où on trouve des information sur les comportements des chats, les clôtures, les appareils repoussants, etc.

2
     Illustrateur de bandes dessinées

Lettre voisinage :

Madames, Messieurs,

Étant nos voisins, vous êtes au courant que nous avons un problème dans nos jardins, la reproduction prolifique de chats.

Certains de nous ont essayé de placer ces chats mais c'est impossible de trouver assez de foyers et ceux qui restent se multiplient alors le problème grandit toujours.

Les associations et refuges que nous avons contacté nous ont suggéré que la solution la plus économique et durable serait de faire stériliser chez un vétérinaire pratiquant un prix associatif pour les chats du voisinage entier.

Nous allons emmener chaque chat visiter le vétérinaire pour être stérilisé afin que le nombre de chats n'augmente plus dans notre voisinage, puis commence à diminuer à mesure qu'on en adopte.

Cette action vous réjouira même si vous n'aimiez pas les chats, nous allons tous en bénéficier de l'arrêt de leur reproduction.

Vous trouverez sûrement dans la liste suivante quelque chose de positive pour vous avec la stérilisation des chats de notre quartier.

Le nombre de chats n'augmentera plus.
Il n'y aura plus de chatons souffrants, malades, affamés ou écrasés sur la route.

Il n'y aura plus de cris nocturnes ni de bagarres sanglantes.

Il n'y aura plus d'odeur fortes dans leurs urines, ni de urine utilisées pour marquer de territoire.

Les chats enterreront leur crottes comme le font les autres chats sains stérilisés.

D'autres chats errants ne seront plus attirés par ici car les femelles n'émettront plus de phéromones de "chaleurs".

Vous pourriez nous contacter pour demander comment mieux coopérer pour la réalisation rapide de cette action.

Surtout qu'il faut vite attraper les femelles qui sont déjà enceintes.

Il y a environ vingt chats à faire si nous les attrapons avant que n'arrive une portée de plus.

Pour nous deux même au tarif vétérinaire réduit c'est beaucoup alors si vous pouvez participer selon vos moyens bien entendu, physiquement ou par un don, contactez l'association à [email :…………………………].

Ce sujet concerne chacun de nous qui habitons ce quartier.
Ensemble nous réussirons à changer la situation pour le bien de nous tous.
Merci cordialement,
Signée :

Trouvé !

Tout chat a eu un maître (même s'il ne l'a jamais rencontré)

Le froid et le faim tuent.

Pour un chat malade ou fragilisé, même en été il fait trop froid la nuit.

C'est donc vital d'être sûr que les chats que vous nourrissez ont un endroit sec et assez chaud selon leur condition.

S'il est dans votre jardin et qu'il n'ose pas encore s'approcher d'un inconnu, mettez lui un abri provisoire (un panier de transport recouvert d'un sac en plastique), sous votre haie, véranda ou autre coin tranquille, avec un bol d'eau et un repas (sans os) pour qu'il reste s'y reposer.

Votre geste va éviter une tragédie en attendant de retrouver son maître, ou va permettre de l'intégrer doucement à votre ménage.

Si le chat n'est pas stérilisé, contactez vite une association de proximité s'occupant de chats perdus (errants).

Les associations préfèrent être contacté pour une stérilisation plutôt que d'être contactée plus tard pour une histoire de chatons.

L'association ne pourra pas garder le chat s'il n'y a pas de place disponible, mais tout sera mis en œuvre (annonces et posters dans les mairies et refuges, messages sur le site internet **chats-perdus.com**) pour retrouver son maître.

Et une famille d'accueil serait recherché si ses maîtres ne se manifestent pas.

Prévenez les refuges SPA des environs mais n'emmenez pas un chat dans un refuge, et ne laissez pas un chat dans une clinique (à moins que le maître du chat vous a indiqué la sien et expressément fait la demande).

Les refuges manquent de place alors ils détruisent les nouveaux arrivants, et les cliniques vétérinaires servent parfois de fourrière.

S'il n'a pas la chance d'avoir un numéro d'identification tatoué à l'oreille ou dans une micro-puce électronique, il peut être tué sans délai, dès que vous le déposez.

Les bénévoles d'associations peuvent se mettre en accord avec les fourrières pour que les chats en fin de période de garde soient cédés gratuitement aux familles d'accueil d'une association qui peux les soigne et sociabilisent.

Nous espérons un projet de loi dans ce sens, car toutes les fourrières n'acceptent pas de le faire actuellement.

Regardez dans les petites annonces sous la rubrique "Perdu/Trouvé" chez les boulangers, bouchers et supérettes environnants.

Si le chat est tatoué dans une oreille, téléphonez au Fichier félin national (numéro 01.55.01.08.08).

Les cliniques vétérinaires ne font pas payer pour détecter une éventuelle puce électronique d'identification.

Elles appellent elles-mêmes le fichier félin national pour obtenir les coordonnées du maître.

Si vous mettez une annonce, mentionnez où vous avez trouvé le chat (mais pas où il est maintenant), dites s'il se montre câlin, facile, ou timide, décrivez sa condition, ses poils (couleur, long/court), mais omettez une chose qui lui est particulière et que vous demanderez au maître car il devrait savoir ce que c'est (cela évite les fausses réclamations par des pourvoyeurs et trafiquants).

Si vous ne voulez pas mettre vos coordonnées, vous pouvez mettre celles de Jardins félins et nous faire part de votre annonce. Nous vous tiendrons au courant si le maître nous contacte.

Si vous ne trouvez pas son maître, et si vous ne pouvez pas le garder, vous pouvez le placer avec les précautions d'usage.

Voir "Chat à placer" ci-dessus.

Si le chat ne s'entend pas avec vos autres chats, vérifiez qu'il est stérilisé et lisez les rubriques "Nouveau chat", "Intégration" et "Socialisation" du livre "**Chats, résoudre les soucis de comportements**", en vente sur **foyerfelin.free.fr**

En dernier recours contactez "Jardins félins" soit par émail à **foyerfelin@gmail.com**

La rubrique "Perdu" pour aider les personnes ayant perdu un chat à le

retrouver, figure dans le livre "Chats, résoudre les souci de comportements" en vente sur **foyerfelin.free.fr**

Questions - Réponses

Q. La ferme de mes parents grouille de chats et beaucoup de chatons meurent avec coryza chaque année. Je ne peux pas les attraper et j'aurais besoin d'aide pour les frais de stérilisation. Qui pourra m'aider ?
R. L'association "Jardins félins" informe et guide les personnes qui veulent sauver des chats de la misère occasionnée par leur fertilité.

Voir l'annexe "Fermes" de ce livre.

Q. La fourrure et la peau de chiens et de chats sont encore vendus sur les marchés de notre ville, sous forme de jouets, décorations, porte-clés, garnitures sur vêtements, bourses, et doublures de chaussures en cuir. Que pouvons-nous faire pour faire cesser cela ?
R. N'en achetez pas, notez le nom et l'adresse des vendeurs, donnez cette information à l'association "Jardins félins", et si vous pouvez envoyez une lettre polie demandant que les objets soient renvoyés aux grossistes et aux distributeurs, puis faire part de votre lettre en copie à "Jardins félins" à foyerfelin@gmail.com

Q. En tant que bénévole voulant aider des chats, j'ai été horrifiée de voir dans plusieurs SPAs des chats enfermés dans des cages cachées des

yeux des adoptants potentiels.

Ils sont traumatisés dans leur "couloir de la mort", et sont dispensé en séances hebdomadaires, puis leurs corps sont congelés en attendant la camion d'équarrissage.

Que peut-on faire pour changer les pratiques de telles SPAs ?

R. Faites stériliser tous les chats que vous nourrissez, puis donnez des dépliants et aidez vos amis, voisins, et collègues, pour que leurs chats aussi soient stérilisé (obtenir rendez-vous ou trouver un vétérinaire chats, transport, capture, etc.).

Ensuite, vous pouvez appeler le refuge pour proposer de prendre les chats qui seront autrement détruits et les placer chez vos amis, famille, collègues qui accepteront de garder des chats chez eux.

Imprimez des posters pour pouvoir placer d'autres et pour faire connaître au public qu'il y en a des chats qui ont besoin d'un foyer.

Q. Le maire me dit d'enfermer mes chats, que puis-je faire ?

R. Montez une clôture. Voir des photos de divers matériaux et installations à la rubrique "Clôtures".

Q. Est-ce qu'un chat est aussi facile à éduquer qu'un chaton ?

R. Oui, un chat reste dépendant autant émotionnellement que physiquement de l'être humain toute sa vie et s'adapte pour bien vivre dans une nouvelle maison.

Le chat adulte est toujours capable de s'attacher à la personne avec qui il partage son quotidien.

Voir les rubriques "Adoptez adulte", "Bien préparer l'adoption", "Langage du chat" et "Éducation féline" dans le livre "Chats, résoudre les soucis de comportements" (en vente sur **foyerfelin.free.fr**)

Q. Comment intégrer un chat adulte à un environnement nouveau ?

R. Selon le cas, voir la rubrique "Nouveau chat" ou "Déménagement" dans le livre "Chats, résoudre les soucis de comportements" (en vente sur **foyerfelin.free.fr**)

Q. Ma fille est allergique, que faire pour l'aider ?

R. Réponses à la rubrique "Allergique" dans le livre "Chats, rétablir la santé !" en vente sur **foyerfelin.free.fr**

Q. Le système cardio-vasculaire est-il vraiment très protégé par la présence de chats ?

R. Oui ! Ainsi que les os et le système immunitaire !

Les chats heureux génèrent sérénité et santé. Résultats d'études scientifiques et tous les détails à la rubrique "Bienfaits des chats" dans le livre "Chats, résoudre les soucis de comportements" en vente sur **foyerfelin.free.fr**

Q. Va-t-il y avoir un centre de stérilisations gratuites dans mon département ?

R. Non, aucun n'est prévu, faites stériliser dans une clinique vétérinaire existante, éventuellement en vous faisant guider par une association de proximité (liste sur foyerfelin.free.fr)

Ainsi vous réduirez de suite vos dépenses de nourriture.

Les chats stérilisés mangent quatre fois moins.

Encouragez d'autres à faire stériliser pour réduire le nombre d'abandons dans votre jardin !

Voir les annexes "Une chatte errante", "Une chatte de six mois", et l'introduction de ce livre.

Q. Mon chat n'est pas bien, qu'est ce que je peux faire ?

R. Voir "Symptômes", "Soins du chat malade" et "Attitudes inhabituelles" dans le livre "Chats, rétablir la santé !" (en vente sur **foyerfelin.free.fr**)

Q. Les touristes aiment les chats, comment peuvent-ils les aider ?

R. Imprimez la rubrique "Vous nourrissez des chats errants ..." et l'afficher dans les lieux d'hébergement touristiques et suivez les conseils qui y sont contenus.

Q. Qui doit s'occuper des chats errants ?

R. Lisez l'annexe "Une chatte errante".

Q. Je déménage bientôt. Que faire des chats ?

R. Réponse à la rubrique "Déménagement" du livre "Chats, résoudre les soucis de comportements" en vente sur **foyerfelin.free.fr**

Q. Je suis enceinte : faut-il me séparer de mes chats ?

R. Non, mais ne me croyez pas, regardez les détails à la rubrique "Enfant" du livre "Chats, résoudre les soucis de comportements" en vente sur **foyerfelin.free.fr**

Q. Que faire des chatons ?

R. Faites en sorte que ce soit la dernière fois que vous ayez à vous poser cette question : stérilisez la maman chatte.

Faites stériliser les chatons et gardez-les, car il n'en aura pas d'autres portées.

Faites stériliser la mère des chatons au premier date que vous propose le vétérinaire, quel que soit sont état reproductif.

Voir les annexe "Vous et les chatons" et "Une chatte de six mois".

Q. Les vaccins engendrent des cancers et diabète. Mais comment s'en passer ?

R. Très facilement ! Voir la rubrique "Vaccins" dans le livre "Chats, rétablir la santé !" en vente sur **foyerfelin.free.fr**

Q. J'ai vu des jouets sur un marché et des mules en fourrure de "lapin" : ce pourrait-il qu'ils soient en chat ?

R. Oui, c'est facile à voir si vous ne tenez pas compte de l'étiquette (vendeur).

Astuce pour détecter la vrai origine des matières, voir la rubrique "Fourrure" sur **foyerfelin.free.fr**

Q. J'ai perdu mon chat. Pouvez-vous m'aider à le retrouver ?

R. Pour la liste des démarches à suivre pour que vous le retrouviez, voir la rubrique "Perdu" pour aider les personnes ayant perdu un chat à le retrouver, figure dans le livre "Chats, résoudre les souci de comportements" en vente sur **foyerfelin.free.fr**

Q. Je loue un appartement, puis-je adopter un chat ?

R. Oui ! Voir la rubrique "Logement" ci-dessous, et les rubriques "Adoptez adulte" et "L'adoption d'un chaton" dans le livre "Chats, résoudre les soucis de comportements" (en vente sur **foyerfelin.free.fr**)

Q. Les Égyptiens ont vénéré le chat, mais pour quelles raisons ?

R. La réponse est dans la rubrique "L'histoire du chat, ses origines".

Q. Je souhaite travailler avec des chats. Pouvez-vous me conseiller ?
R. Oui. Voir la rubrique "Métiers félins" sur le site foyerfelin.free.fr

Q. Bibliothécaire, je recherche des thèmes pour les expositions à prévoir. Que peut-on faire pour présenter le chat de manière réaliste et actuelle ?
R. J'ai plusieurs thèmes à vous proposer autour du chat ! Voir par exemple le chapitre "L'histoire du chat, ses origines", ou l'une des rubriques "Interdépendance", "Les bienfaits des chats", du livre "Chats, résoudre les soucis de comportements", ou la rubrique "L'utilité des chats pour la commune" du livre "Chats errants, solution agréables à toutes personnes".

Ces livres sont en vente sur **foyerfelin.free.fr**

Q. A la SPA, j'ai pu constater qu'ils tuent les chats nouveaux, toutes les semaines.
Ils remplissent des sacs poubelle de chats mourants "piqués", c'est un véritable holocauste hebdomadaire !
Que peut-on faire contre cela ?
R. Faites tout de suite stériliser les chats que vous nourrissez, ceux de votre maison, jardin, ruelle ou ferme, car même quand on place des chatons cela contribue par effet domino.
Puis, distribuez dans votre quartier les imprimés que vous pouvez confectionner en faisant le Copie-Coller de textes que vous trouvez sur le site **foyerfelin.free.fr** ou dans ce livre (version électronique en vente sur le même site) en vous servant surtout de l'Introduction et les annexes.
Ensuite, prenez l'habitude de répondre à toutes les petites annonces du style

"chatons à donner" pour leur demander leur adresse, puis leur envoyez les dépliants fait avec les textes des annexes "Vous et les chatons", "Né pourquoi?", "Les bienfaits de la stérilisation".

Vous n'êtes plus seul. Si vous voulez envoyez un émail à "Jardins félins" : foyerfelin@gmail.com pour nous tenir au courant de vos efforts.

Q. J'adopterais un chat de couleur .... En avez-vous ?

R. Oui et n'oubliez pas que chaque chat a son caractère propre.

Si vous n'est pas apte à tout supporter tranquillement, mieux vaut adopter un chat déjà adulte et faire connaissance chez le Placeur ou Famille d'accueil, avant de l'adopter.

Voir les rubriques "Adoptez adulte", "L'adoption d'un chaton", et "Bien préparer l'adoption" du livre "Chats, résoudre les soucis de comportements", en vente sur **foyerfelin.free.fr**

Q. Je pars en maison de retraite et le gérant n'accepte pas les chats. Pouvez-vous les adopter ?

R. Voir les rubriques "Retraite féline", "Maison de retraite", et "Placer de chats" sur le site **foyerfelin.free.fr**

Mais si vous ne pouvez pas et vous n'avez personne pour bien s'en occuper, contactez une association de proximité que vous trouverez dans la liste sur ce même site.

Q. Pourquoi faites-vous une association pour les chats ?

R. Parce que les autres animaux domestiques errants sont plus gênant et donc ramassés avant de se multiplier ou de crever de froid.

J'ai trouvé des chats affamés et déshydratés dans les rues, fermes et bois, je n'ai pas trouvé d'enfants, ni de chien dehors en train de souffrir comme cela.

Avez-vous lu le chapitre "L'histoire du chat, ses origines" ?

Q. Nous avons une voisine folle dont le jardin déborde de chatons affaiblis par la faim et le froid qui meurent malades.

Les mâles se bagarrent bruyamment, se blessent et sentent mauvais.

Les chattes sont affamées et meurent en accouchement, trop affaiblies pour mettre au monde leurs petits.

R. Donnez-lui copie des textes des rubriques "Vous et les chatons" et "Les bienfaits de la stérilisation" et dites-lui que vous voulez l'aider si elle a besoin pour contacter une association de proximité avec qui vous pouvez faire équipe, car elle aurait une arrangement avec un vétérinaire dont elle peut vous faire bénéficier et elle pourrait peut-être assister pour la capture (prêt de cage-capture et démo d'utilisation) et / ou le transport.

Lisez l'introduction de ce livre et l'annexe "Une chatte errante".

Faire part de tout souci concernant votre association de proximité, par email à "Jardins félins" : foyerfelin@gmail.com

Q. Un nouveau chat errant dans notre voisinage fait du bruit, vous pouvez faire quelque chose ?

R. Le chat nouveau fait cela pour impressionner les chats sur son chemin.

Il suffit de faire stériliser (opérer) le chat et il ne posera plus aucun problème !

Q. Comment concilier un beau jardin avec des chats ?

R. Sans souci ! Voir les rubriques "Votre jardin" et suivantes.

Q. Mon chat me parle mais y a-t-il un langage chat ?

R. Oui. Voir les rubriques "Langage du chat" et "Interdépendance" du livre "Chats, résoudre les soucis de comportements" (en vente sur le site **foyerfelin.free.fr**

Q. Comment réduire le nombre de chats errants, sans nuire ?

R. La stérilisation transforme la situation. Il suffit de l'organiser, d'abord obtenir deux devis d'un vétérinaire, l'un pour la stérilisation (plus identification) d'une chatte errante, l'autre pour un chat mâle.

C'est la base de votre dossier. Ensuite vous pouvez voir le maire de votre commune pour parler de rendre sa ville "féliprotectrice".

Prévoyez un endroit chauffé où les garder la nuit avant (pour les amener à jeun) et la nuit après pour qu'ils se reposent et retrouvent leur capacité de réglage interne de leur température corporel.

Voir les rubriques "Missions accomplies exemplaires" ci-dessous, "Les bienfaits de la stérilisation" et "L'utilité des chats pour la commune".

Vous pouvez trouver utile d'offrir une copie de ce livre à la mairie à l'intention de Monsieur ou Madame le maire.

Q. Nombreuses personnes abandonnent leur chat en disant qu'il est agressif ou "sale". Comment leur parler ?
R. Les chats se montrent agressifs lorsqu'ils ont peur, souffrent, s'ennuient, ou sont pas stérilisés et très excités par un jeu.
Cela peut étonner ceux qui n'ont pas assez d'expérience.
Les chats entiers et ceux qui se sentent menacés d'attaque sont très soucieux de leur territoire alors ils le marquent avec leurs excréments ou urine.
Leur en vouloir est inutile, c'est à chacun de faire stériliser (opérer) les chats qu'il héberge.

Vous trouvez tous les renseignements et astuces efficaces dans le livre "Chats, résoudre les soucis de comportements", en vente sur

foyerfelin.free.fr

Q. Lupa (une chatte que j'ai trouvée) dévore par contrecoup, et la véto a dit qu'elle était "obèse".
Est qu'elle va faire du diabète si on ne l'arrête pas ?
R. Les chats stérilisés mangent moins, normalement.
Les chats ne mangent que ce qu'ils ont besoin, à moins qu'ils ont prit l'habitude de manger en cas d'ennui.

Les chats mangent quatre fois moins à partir de deux semaines après la stérilisation, sauf certains d'entre ceux qui ont connu la malnutrition, et la faim.

Donnez-la une nourriture de meilleure qualité et des abats de volaille crus.

Avec le temps, la libre service de croquettes cachées dans les jouets et suffisamment de câlins, compagnons, "brushings" et séances de jeux, un chat boulimique se régule.

Voir la rubrique "Boulimique" du livre "Chats, rétablir la santé !" ou la rubrique "Boulimie" du livre "Chats, résoudre les soucis de comportements" (ces livres sont en vente sur **foyerfelin.free.fr**) et le jouet dispenser de croquettes, aussi en vente sur le même site.

Missions accomplis exemplaires

Les exemples suivant montrent comment notre action prendre racine et se développe à partir des simples bons actions **d'une seule personne motivée**.

A l'initiative d'un militaire.

En 1996, Molly Tominack, militaire, a nourrit un petit chat affamé devant la bâtiment bureautique, puis elle s'est renseigné sur le fond du problème et instigué un effort pour aider tous les chats sans maître sur la base militaire de 1750 ha.

En ce faisant, elle a attiré et organisé douze autres Nourrisseurs bénévoles qui l'ont aidé à capturer et faire stériliser les chats de la base.

Molly a organisé les prix avec les vétérinaires.

Une université exemplaire.

En 1989, les responsables de l'université de Stanford ont déclaré un projet d'enlèvement et d'extermination d'un groupe de 500 chats présents dans les jardins de l'établissement.

Une association de bénévoles nommée "The Feral Cat Coalition" a immédiatement été formée et a présenté une alternative en ce que la nouvelle association allait faire stériliser tous les chats pour arrêter leur prolifération.

Ils se sont également engagés à installer des Chalets-chats esthétiques, et à garder propre l'environnement par l'installation et le nettoyage journalier de bacs à litière.

Leur proposition a été acceptée.

Résultats : Il n'y a plus d'odeurs ni de bruits et les chats sont plus jolis.

En 1994, cinq ans après la stérilisation de tous les chats du campus, une nouvelle chatte avec quatre chatons est arrivée, ils ont été immédiatement stérilisés.

Quelques étudiants et professeurs apportent les boîtes, croquettes et litière et soignent les chats bénévolement.

"Ils ne sont pas de la vie sauvage, ce sont des animaux domestiques démunis de foyer car ils se multiplient plus vite que les humains ! ", nous explique Sharon, bénévole de "Feral Cat Coalition".

Gestion des chats par une maison de retraites.

Résidence Yvonne Colas à Eragny dans la Val d'Oise.

Des chats sans famille ont été stérilisés et identifiés par une association locale puis relâchés dans le jardin clos de la maison de retraite.

Des abris faits avec des caisses de polystyrène récupérées et garnies de polaires y sont déposées dans des lieux abrités.

Les chats sont nourris avec les restes des repas de la résidence.

La présence des chats favorise l'éveil et les comportements responsables des personnes âgées.

Courtes témoignages de bénévoles de "Jardins félins" et l'association américaine "Alley Cat Allies".

¤ *"Ce n'était pas aussi difficile que nous avions imaginé, "Jardins félins" nous a aidés à chaque étape."*

¤ *"Participez comme nous à la solution, c'est passionnant, il n'y a pas un moment à perdre ! "*

¤ *"En parlant à la presse de ce que nous avons fait pour aider les chats sdf de notre quartier, nous avons eu rendez-vous avec le maire et il a mis un bâtiment gracieusement à notre disposition."*

¤ *"Nous nous sommes rencontrés à une réunion de présentation, puis ensemble nous distribuons les dépliants dans toute la ville, quartier par quartier, et nous avons des "tarifs chats errants" chez les vétérinaires."*

Sue Webb de Wellesley, Massachusetts, employée du refuge

municipal a, en 1990, intégré la stérilisation dans les pratiques du refuge et a vu une réduction constante dans le nombre de chats entrants et donc à tuer.

"Nous avons établi un accord sur les prix auprès des vétérinaires.
Le premier groupe de chats était à Wellesley collège. L'administration du collège m'a demandé de résoudre leur problème de chats errants.
Un employé du collège leur donnait à manger."

Sue a capturé tous les chats, déposante plusieurs cages de capture chaque matin à la clinique vétérinaire la plus proche et les a repris le lendemain matin de la clinique pour les remettre au collège, puis est retournée en capturer d'autres.

Il y en avait 44. Elle a pris une photo de chaque chat avant de le retourner au collège.

Il n'y a plus eu de problème et les chats sont devenus un des attraits du collège.

"Mewtopia" est une antenne d'"Alley Cat Alleys" à Memphis, Tennessee.

Au début, la fondatrice faisait stériliser cinq chats par semaine.

Ensuite, deux vétérinaires ont accepté d'opérer gratuitement (avec les produits provisionnés par une association) deux jours par semaine.

Sylvia explique que tout a commencé pour elle quand elle a vu un chat mâle emporter de la nourriture jusqu'à des chatons de son abri de jardin.

Elle savait qu'elle n'avait pas les moyens d'aider tous les chats abandonnés dans son quartier, alors elle a proposé son aide bénévole à "Mewtopia".

Elle s'est renseignée largement sur le site Internet d'"Alley Cat Alleys" puis elle a écrit et distribué une lettre dans tout le voisinage.

Elle raconte, *"Approcher les vétérinaires pour définir un accord m'a foutu la trouille, mais j'ai trouvé un modèle d'accord et d'une lettre type sur Internet. Tout bénévole qui fait des sauvetages partage l'esprit d'équipe et s'entraide comme ça."*

Docteur Levy parle de l'importance de la coopération.

Elle était encore étudiante quand elle a lancé un premier programme local de stérilisation pour les chats vivant sur le parc de son université.

Travaillant dans une autre université, elle y a fondé une association nommée Operation Catnip qui offre les stérilisations dans son université.

"Notre voisine laissait reproduire son chat puis ne nourrissait pas les chatons.

*Nous en avons d'abord emmenés au refuge, mais ils sont devenus **"zero-tuerie"** alors ils ne peuvent plus en prendre. Nous avons cherché sur Internet et trouvé "Jardins félins" qui nous a expliqué la solution humaine.*

Nous avons payé 100 € et "Jardins félins" s'est arrangé avec le vétérinaire pour tous les chats et nous a prêté trois cages de capture.

La caution des cages nous a était remboursée intégralement au bout des deux mois qu'il nous a fallu pour attraper les plus timides.

Nous sommes soulagés de ne plus avoir à nous occuper de chatons, ni de voir les chats toujours affamés et anxieux.

Les chats tous stérilisés nous donnent le plaisir de les voir allongés au soleil ou jouant ensemble, enfin contents.

Dès qu'ils voient quelqu'un d'autre que nous, ils se cachent, et ils viennent en courant lorsqu'ils nous voient."

La naissance d'une association.

Jusqu'à 2003 les chats des campagnes rurales du comté Union, Georgia, étaient tués par le refuge.

Puis, un programme de stérilisation a tout changé.

Cette année-là le refuge a reçu 311 appels concernant des chats, puis 142 en 2004.

Hélène, employée du refuge, s'est déplacée pour une conférence intitulée "Stérilisation : la solution humaine pour votre communauté".

Elle y a noté les coordonnées de toutes les autres amis des chats présents.

De retour chez elle, elle a passé chaque moment de repos à lire le site web.

Elle a repris contact avec les personnes dont elle avait pris les coordonnées, pour leur dire qu'elle soutiendrait leur action en achetant les cages pour leur en prêter et en transférant tout appel concernant les chats vers eux selon leur localité.

Aussi, en refusant désormais de prendre les chats quand elle n'a personne qui attend pour en adopter.

Victoria, une des personnes avec qui Hélène a repris contact, n'avait jamais eu d'animal de compagnie jusqu'à ce qu'elle ait vu des chats dehors au centre commercial et commencé à les nourrir.

Très vite il y en avait 20 et se rendant compte que les chats se multiplient à toute vitesse, elle a contacté "Alley Cats Allies" pour apprendre comment procéder pour les sauver.

Aussitôt, en sa nouvelle qualité de bénévole pour l'association, elle a approché un vétérinaire pour demander un "tarif chats errants", pour la stérilisation de chats de terrain.

Ensuite, elle a capturé et conduit les chats chez le vétérinaire puis les a retournés au centre commercial.

Une fois cette action urgente accomplie, elle a fait un poster proposant la stérilisation à petit prix et l'a affiché dans les commerces du centre commercial.

"Les personnes qui bénéficient de notre programme sont très contentes de voir que les chats ne se bagarrent plus entre eux et qu'il n'y a plus de chatons. Nous aidons les gens à aider les chats." explique Victoria.

Hélène écrit une colonne pour le journal de la région en échange de pouvoir y parler de la gestion par la stérilisation de la population de chats.

Le conseil d'administration du refuge ne voyant pas l'intérêt de l'action que menait Hélène pour aider les chats, lui a ordonné de recommencer à prendre les chats et à les tuer !

Hélène a démissionné sur le champ.

En rentrant elle a appelé Victoria et elles ont immédiatement créé une association pour soutenir leur action.

Ginny, jeune mère au foyer, a relevé le défi.

"Voir les chats se multiplier me faisait pleurer."

Elle s'est demandée ce que pouvait faire une personne seule.

Elle voulait les faire stériliser mais elle ne savait ni les attraper, ni trouver l'argent. Alors, elle a cherché sur Internet.

Elle a imprimé des informations du site pour les montrer au syndicat de gestion des immeubles du lotissement.

Mais les gérants ne lui donnaient pas de réponse immédiate, alors Ginny a commencé le travail toute seule en attendant.

D'abord elle a approché une clinique vétérinaire pour demander un tarif pour les chats sans foyer, puis elle a versé une caution pour le prêt de 10 cages de capture auprès de "Alley Cat Allies".

"Alley Cat Allies" règle chaque mois les factures vétérinaires, environ dix stérilisations par semaine pour Ginny, au "tarif chats errants" qu'elle a négocié.

Les chats mâles sont relâchés le jour même dès qu'ils sont sur pattes, et les femelles restent la nuit dans leurs cages dans l'appartement de Ginny.

Très tôt un matin, Ginny a trouvé un chat fusillé et un autre matin un chat mourant d'empoisonnement.

De tels actes désespérés n'avaient rien fait pour réduire l'augmentation constante de la population féline du lotissement.

La réaction de Ginny était d'écrire un article pour la presse, pour exposer la situation, et son engagement pour la gestion par la stérilisation, l'attitude évasive des gérants des immeubles, leurs coordonnées, les détailles des jours où elle a trouvé le chat fusillé et le chat mort empoisonné, aussi son appel aux offres d'accueil de chats dans une ferme ou une résidence à la campagne.

Elle a emmené aussitôt son article dans les bureaux de la rédaction du journal le plus lu localement.

Cinq nuits par semaine, Ginny reste assis dehors à surveiller ses cages de capture puis faisait le trajet d'une heure pour aller à la clinique.

Sur sa messagerie téléphonique, arrivaient des réponses à son article.

Beaucoup souhaitaient réaliser un programme local :

Elle notait leurs coordonnées et leur a donné l'adresse du site internet où elle a tout appris.

Elle a aussi reçu des offres d'accueil de groupes de chats :

Elle s'est arrangé pour les visiter, afin de voir avec les personnes sur place où les chats pourraient rester enfermés les premières deux semaines, puis dormir et manger.

Elle a demandé que les rongeurs ne soient plus empoisonnés, car les chats en chassant risquent de croquer un rat mourant et être ainsi empoisonné.

Un autre syndicat de gestion d'autres immeubles l'a contacté pour ses conseils, en vue d'implémenter la gestion par la stérilisation parce que en un an, il y avait eu soudainement 35 chats :

Le syndicat a souhaité son aide afin d'éviter la multiplication. Ginny s'est proposée sans hésitation pour faire la capture et le transport des chats pour les faire stériliser gratuitement à condition qu'ils soient nourris et que le syndic leur offre un abri protégé et entretenu.

Cela convenait à toutes les parties concernées.

Quelques chèques sont arrivés dans sa boîte aux lettres pour soutenir son action.

Un jour, Ginny a vu qu'il y avait des personnes d'une entreprise qui obstruaient les ouvertures sous les immeubles.

Ginny s'est précipitée pour leur demander comment ils vérifiaient qu'aucun chat ne risque de se faire emmurer.

Son interlocuteur n'avaient aucun système prévu pour évacuer les chats, alors Ginny a noté les coordonnées de l'entreprise, puis elle est entrée pour téléphoner à "Alley Cat Allies" qui a immédiatement contacté l'entreprise et le syndicat.

L'autorisation a été accordée pour Ginny de grimper sous chaque immeuble juste avant que les accès soient obstrués.

S'habillant de vieux bleus jeans et poussant un panier de transport devant elle, Ginny s'est enfilée à plat ventre dans l'espace sous l'immeuble avec une lampe torche.

Les chats sont sortis mais les chatons se cachaient ou ne savaient pas où aller, alors Ginny les a ramassé dans son panier.

Fière d'elle, elle est sortie et a regardé le béton couler puis elle montait les chatons dans son appartement et redescendait avec un panier vide, prête pour le deuxième sous-sol qu'elle ne commençait que lorsque toutes sauf une des ouvertures étaient fermées.

Afin que les chats sortent facilement, les ouvriers étaient restés éloignés du dernier trou jusqu'à ce que Ginny ressorte, fière d'être passé dans chaque recoin du sous-sol.

Et pour chaque bâtiment, le même procédure. Le courage et l'enthousiasme de Ginny toujours constants.

Elle ne se serait jamais imaginée capable, mais elle ne s'est jamais posé la question.

"Je savais que personne d'autre ne s'est proposé pour le faire et il n'était pas question d'hésiter. Il fallait prendre l'initiative immédiatement, c'est tout à quoi j'ai pensais et j'en suis fière !"

Elle s'étonne encore d'elle-même.

Sa réaction spontanée et immédiate a sauvé les chats et chatons d'une mort horrible.

"Cela prouve qu'on peut changer une situation. Si quelqu'un veut éviter des souffrances, il a juste besoin du réflexe de contacter l'entreprise ou une association respecté toute de suite, pour proposer de l'entraide."

Peu après tout cela, une autre personne qui a fait stériliser des chats avec le soutien d'"Alley Cat Allies", a contacté Ginny pour former une association.

Le journal de la région les aide à trouver les familles d'accueil et elles font la capture et transport de chats et chatons pour les faire stériliser lotissement par lotissement.

Stériliser les chats sans maître produit des résultats durables.

Il n'y a plus de plaintes concernant les chats, plus aucune entrée de chats errants, et presque plus de déplacements des personnels pour régler les soucis de chats errants.

Maricopa county, Arizona S.P.A. a compris l'économie que cela ferait, au point de prendre en charge les frais des stérilisations de chats errants pour les municipalités qui cotisent auprès d'eux.

Julie, directrice d'un refuge, explique le changement de politique qui lui a permis de commencer à faire quelque chose dans l'intérêt des chats au lieu de les détruire.

"Par le passé, lorsque quelqu'un nous amenait un chat errant, notre seule solution était de le tuer.

J'ai fais une analyse statistique et il s'avère que les mêmes personnes revenaient pour déposer un chat errant !

Cela veut dire qu'ils se débarrassent d'un chat sans se défaire du problème.

Clairement, la méthode habituelle d'élimination, ne sert à rien.

Enlever les chats d'un endroit laisse la place pour d'autres et les problèmes continuent parce que les chats ne sont pas stérilisés.

Nous consultons souvent le site Internet de l'association car nous avons un rôle à jouer dans son action salvatrice de stérilisation-gestion.

Notre politique est de prendre le nom et adresse de la personne puis de lui proposer un choix : soit ils continuent à nous amener des chats, soit il payent 20 € pour que le chat soit stérilisé grâce à notre accord vétérinaire, puis le reprennent en sachant que le chat ne posera plus de problème et que nous ferons stériliser sans charge tout autre chat qu'ils trouvent.

Nous leur donnons une invitation à la prochaine conférence sur le sujet et nous leur vendons un DVD à 2 € quel que soit leur choix.

L'entraide entre les associations est utile à tous. *Par exemple, une dame très âgée, sans ressource croyait que le refuge enverrait quelqu'un pour prendre ses chats pour les faire adopter !*

J'ai passé ses coordonnées au président d'une association pour la stérilisation des chats avec qui nous collaborons.

Enregistré avec cette association, quelqu'un a fait bénévolement la capture et la navette pour faire stériliser les chats et les retourner chez la dame qui a pu continuer à les nourrir car ils ne faisaient plus de chatons.

Grâce à cette association nous avons moins d'euthanasies que jamais dans l'histoire de notre refuge.

Nous avons fourni nos statistiques à l'association et cela a aidé pour inciter le

maire à faire passer un décret municipal instaurant la gestion de la
population féline par la stérilisation, au tarif chats errants, ce qui évite la
prolifération de chats dans la ville."

Docteur Ralph McBean, de Columbus, déclare *"Je n'étais pas un*
passionné de chats jusqu'à mon premier chat adopté....

Blackie était un mâle aux oreilles en lambeaux tellement il a été dans des
bagarres. Il est apparu dans mon jardin et je l'ai fait stériliser et l'a nourri.
Puis il m'a amené ses copains."

Docteur McBean s'est mis à la retraite anticipée de sa profession de médecin
pour cause de problèmes de santé.

Il dit que son activité pour les chats l'aide beaucoup. *"Améliorer la vie pour*
les chats me fait plaisir.

Ils méritent d'avoir accès à de l'eau sans stress, de la nourriture, un abri sec
et d'être stérilisés."

Le docteur a fait stériliser les copains de Blackie qui sont venus manger. Puis
il voulait faire plus.

Il cherchait sur Internet et lisait le site de "Alley Cat Allies" puis leur
demandait de le mettre en relation avec d'autres personnes qui font comme
lui et qui veulent faire plus.

Quelques mois plus tard il a était contacté par une personne qui venait de
faire stériliser un groupe de chats. Les deux ont décidé de créer une
association ensemble.

C'était en 2001 et ils l'ont appelée "Allied Cats of Columbus".

Durant les trois premières années, ils ont fait stériliser 1 500 chats.

Le refuge du département ne tue plus de chats, car il a immédiatement
commencé à envoyer les appels à "Allied Cats of Columbus".

"Nous nous sommes arrangés avec les vétérinaires pour les tarifs chats
errants, ensuite nous avons écrit des articles pour les journaux locaux et

régionaux afin d'inscrire d'autres personnes auprès de notre association et pour offrir d'organiser la stérilisation de groupes de chats qu'ils nourrissent. Nous avons un stock de cages de capture, un DVD filmé par un ami avec son caméscope sur notre action, et nous hébergeons les chats malades ou âgés chez des familles d'accueil bénévoles."

LOGEMENT

Si les animaux de compagnie ne sont pas acceptés dans les appartements de votre immeuble, imprimez et apportez à votre propriétaire une copie de la présente rubrique.

Un logement n'est pas un foyer sans qu'un chat heureux (stérilisé) y ronronne son contentement.

Si tous les propriétaires d'immeubles autorisaient leurs locataires à garder un chat, cela épongerait, durant une année, le nombre de chats tués (des milliers) pour avoir été abandonnés aux refuges, car ils sont toujours au complet.

Mais pour que cette rédemption ne se transforme en hécatombe, il faudrait bien évidement que tous les nouveaux adoptés soient stérilisés avant que l'un d'eux ne fasse une portée de chatons, sinon le nombre de chats tués par les refuges va continuer à augmenter chaque année.

Ci-dessous :
~ Lettre ouverte aux propriétaires
~ Conseils aux locataires
~ La loi française
~ Maisons de retraite
~ Modèle de C.V. pour chat.

Lettre ouverte aux propriétaires.

Madame, Monsieur,

La clé pour réussir une politique de chats acceptés, est de ne prendre que des maîtres responsables.

Les personnes qui adoptent des chats adultes d'une association ou d'un refuge, sont plus sérieuses que ceux qui adoptent un chaton.

Le résultat de cette politique est moins de loyers perdus par des changements de tenants.

Les maîtres qui trouvent un logement où leurs chats sont acceptés, vont rester plus d'années que des personnes sans animaux.

L'homme est plus heureux et a une meilleure santé en compagnie de chats, cela est un fait scientifiquement prouvé.

Vos aurez des résidents plus heureux et votre image publique se portera mieux.

Les chats stérilisés sont plus propres et moins énervés, et ne font pas de bruits excessifs.

Demandez de voir une facture vétérinaire ou les carte d'identité des chats et de voir les chats avant de signer un bail, ajouter la mention que tout animal détenu doit être stérilisé avant d'arriver dans l'immeuble.

Faites exception pour un chat certifié trop malade par le vétérinaire qui va stériliser le chat dès son rétablissement.

En adoptant des chats adultes, ils ont fait preuve par là de leur attitude responsable et éveillée, car ils ont accueilli des chats pour aider les personnes qui sont occupées à en sauver d'autres.

Michelle Compton, présidente de "Jardins Félins".

Conseils aux locataires :

Demandez des témoignages ou références à votre sujet de la part de vos anciens voisins (même si famille) concernant la tenue de votre logement (propreté) et de vos compagnons (santé).

Demandez-leur de dater, signer et joindre une photocopie de leur carte d'identité pour que ce soit valable.

Si vous souhaitez garder des chats et prendre un nouveau bail, faites un C.V. pour chacun d'eux. Vous le faites vous-même sur papier.

Bien présentée, elle doit comporter les renseignements suivants sur le chat en question :

~ Son nom et âge. Depuis combien de temps il vit déjà avec vous et qu'il est un membre de votre famille très apprécié.

~ Son numéro de tatouage ou de puce électronique et les coordonnées de l'organisme où vous l'avez adopté.

~ Son aptitude à vivre à l'intérieur et son appréciation de la vie en appartement.

~ Le fait qu'il utilise toujours son bac à litière, et que ce dernier est tenu propre avec une litière végétale qui absorbe bien les odeurs.

~ Qu'il aime dormir au chaud et jouer avec ses jouets (balle de ping-pong, boule à croquettes, etc.)

~ Qu'il est en bonne santé et n'a pas de puces (si problème, voir la rubrique "Puces" du livre "Chats, rétablir la santé !" en vente sur foyerfelin.free.fr).

~ Qu'il est stérilisé, ce qui est bénéfique pour son bien-être et de ce fait il ne fait pas de bruit car il n'a donc aucune frustration à exprimer.

~ Que l'autre chat lui tient compagnie durant vos heures en dehors du logement et que les deux s'entendent très bien.

~ Qu'il a un griffoir qui est la seule chose qu'il utilise pour faire ses griffes.

~ Que vous êtes consciencieux et assumez vos responsabilités.

Vous pouvez aussi ajouter une photo de vos chats.

La loi française :

Un bailleur ne peut interdire la possession d'animaux de compagnie à son locataire.

Même un règlement de copropriété ne peut imposer cette restriction à ses copropriétaires.

LOI 70-598 du 9 juillet 1970, Article 10 : *"Est réputée non écrite toute stipulation tendant à interdire la détention d'un animal dans un local d'habitation dans la mesure où elle concerne un animal familier.*

Cette détention est toutefois subordonnée au fait que ledit animal ne cause aucun dégât à l'immeuble ni aucun trouble de jouissance aux occupants de celui-ci."

Ces troubles peuvent être liés à des bruits, des odeurs, des saletés dans les escaliers.

Il revient au maître d'être responsable et propre.

Modèle de C.V. pour chat.

"Minette a 5 ans, son numéro d'identité est AAA000, nous l'avons adoptée à Jardins félins, il y a deux ans.

Minette est affectueuse et propre.

Elle aime vivre en appartement avec nous.

Minette aime ses jouets, elle aime être au chaud et gratter dans son bac à litière.

Son bac est pourvu d'une capuche pour éviter qu'elle ne lance des particules par dessus bord !

Minette fait ses griffes sur son grand griffoir.

Minette fait partie de notre famille.

Elle est stérilisée afin de favoriser son espérance de vie.

Elle ne sort pas alors elle n'a pas de puces.

Ayant des animaux dépendants (chats), nous prenons nos responsabilités très au sérieux.

Si nous devons nous absenter, nous engageons les services d'un cat-sitter.

Nous sommes membres de "Jardins félins" et de Dogsitting.fr/"

Vacances

Avant de partir en vacances, vérifiez qu'il n'y a pas un chat errant piégé dans votre abri de jardin ou dans votre garage.

Si, là où vous êtes en vacances, vous donnez à manger à un chat, la nourriture doit être humide car le chat n'aurait pas facilement accès à de l'eau quand il aurait soif, et cela va compromettre ses chances de survie.

Un repas sec peut lui causer des problèmes de santé durant son sommeil, car il est probable qu'il ne dorme pas proche d'un bol d'eau, le plupart des chats dehors n'ayant pas un foyer.

Les chats sont attachés à ce qui leur est familier, une personne, un odeur, une routine, un territoire ... ce sont des repères qui lui donne un sentiment de sécurité.

Si vous partez en les laissant sans personne, plus de routine, alors ils vont quitter leur territoire à la recherche de la compagnie humaine fiable.

La meilleure solution est d'engager quelqu'un qui viendra les nourrir, nettoyer leur bac à litière et leur tenir compagnie quelques heures par jour.

Ils se sentiront aimés et en sécurité et, même si vous leur manquez, ils ne partiront pas à la recherche de câlins s'ils n'ont pas accès à l'extérieur.

Libres dans votre domicile, ils seront vivants et contents à votre retour.

Si vous pouvez emmener votre chat avec vous en vacances, emmenez-le

chez le vétérinaire pour un examen, et pour obtenir un certificat de bonne santé, deux semaines avant votre voyage.

Emmenez les carnets de santé avec vous en voyage.

La seule vaccination obligatoire est la rage, et encore seulement pour certains départements ou selon la politique d'un camping ou de votre hôte.

Si vous devez franchir des frontières nationales, prévoyez bien d'emmener aussi son certificat médical déclarant qu'il n'a pas de parasites, et preuve de vaccination contre la rage et résultat laboratoire (du test fait 1 mois après sa vaccination) attestant que son corps à créé des anticorps contre la rage.

Vérifiez que votre chat a un harnais correctement attaché, avec votre numéro de téléphone y cousu.

Le seul harnais que j'utilise et recommande désormais est en vente sur **foyerfelin.free.fr**

Prévoyez d'apporter une quantité suffisante de nourriture pour votre chat, durant le voyage.

N'oubliez pas les petits bols pour l'eau et la nourriture.

Prévoyez bien de vous munir de bouteilles d'eau si votre chat a soif pendant un temps où vous n'auriez pas accès à l'eau.

Apportez sa laisse, ses jouets et sa literie.

Si votre chat est sous médication, n'oubliez pas de les apporter avec vous durant le voyage.

Utilisez une caisse sûre et solide pour que votre votre petit compagnon ne risque rien durant le trajet.

Un panier de transport est essentielle : quel que soit votre mode de transport, investissez dans un panier solide fait pour le transport, suffisamment large pour que votre chat puisse s'y retourner et s'y étirer.

Si vous allez voyager en avion, achetez un panier de transport recommandée par la ligne aérienne pour bagage de main à garder avec vous en cabine.

Prenez soin d'indiquer clairement, sur le panier de transport, votre nom, adresse de votre hôte de destination et votre numéro de téléphone mobile.

Il existe des autocollants spéciaux "Animal vivant" que vous pouvez coller sur le panier de transport.

Assurez-vous que la porte du panier de transport est bien fermée.

Quelques semaines avant le voyage, commencez à familiariser votre chat avec son panier de transport.

Les chats sont naturellement curieux et aiment fouiner et dormir à l'intérieur des paniers.

Laissez le panier de transport dans le séjour, avec la porte ouverte, pour que votre chat puisse y entrer et en sortir comme il lui plaît.

Une fois qu'il se sent à l'aise avec le panier, fermez la porte durant quelques secondes en restant devant pour lui rouvrir la porte.

Quand il sort du panier, n'en faites pas un événement, soyez égal, pour ne pas lui laisser croire que caisse = punition, sortie = récompense.

Voir aussi les rubriques "Chalet-chats" dans ce volume, "Trousse de secours" dans le livre "Chats' rétablir la santé !", plus "Perdu" et "Harnais" dans le livre "Chats, résoudre les soucis de comportements" (en vente sur **foyerfelin.free.fr**).

Gardiens :

Les chats préfèrent rester dans leur environnement familier et il y a plein d'avantages à engager un gardien temporaire ou "cat-sitter".

Vous pouvez vous arranger avec un voisin à qui vous rendez pareil service.

Grâce à votre "cat-sitter", vos vacances seront détendues car vous saurez vos chats heureux et votre maison sauve.

les cambrioleurs ne remarqueront pas que votre maison est inoccupée.

votre courrier, journaux et livraisons seront entrés.

vos rideaux ou volets seront fermés tous les soirs.

votre jardin sera arrosé en été.

votre maison chauffée en hiver afin d'éviter des dégâts de l'humidité.

un sac d'ordures sera sorti comme d'habitude.

un "cat-sitter" pourrait rester la nuit ou venir tous les jours soigner vos chats, changer leur l'eau, nettoyer leurs bacs à litière, les nourrir, les câliner, et jouer avec eux.

de nombreux cat-sitters ont de l'expérience et pourront brosser un chat à poils longs, donner les médicaments ou préparer les repas spéciaux pour un régime spécifique.

Des sites de gardians d'animaux de compagnie :
Dogsitting.fr
http://ilspartentavecnous.org
http://www.gardeanimaux.info/

Voir la rubrique "Libérté - réalité" dans le livre "Guide pour parents et professeurs" (en vente sur **foyerfelin.free.fr**).

Maisons de retraites

Les psychologues de l'Université de Warwick ont trouvé que la politique anti-animal en place dans nombre de maisons de retraite est cause de stress et de désolation chez les personnes âgées.

Le zoothérapie améliore la santé, c'est la présence d'animaux de compagnie auprès des personnes malades, âgées, déprimées ou autistes.
"Jardins félins" peut aider les établissements qui souhaitent proposer un service sympathique, afin de permettre à leurs clients de garder leurs chats auprès d'eux.

Message destiné aux gérants des maisons de retraite :

Une maison de retraite est un lieu de vie où la présence des chats permet d'améliorer les relations entre les clients.

S'occuper des chats évite aux personnes âgées de se sentir inutiles.

Il s'installe un sens de la solidarité avec le personnel et avec les autres résidents malgré les différences de "niveau" social ou d'âge.

Les expériences en sont des preuves, voilà des exemples :

~ Maison de retraite St.-Joseph à Arthon-en-Retz (44) dont le directeur est Mr. Pierre Bartin.
~ Maison de retraite médicalisée Marcel Gaujard à Chartres, rue de la Foulerie.
~ Maison de retraite Les Villandières à Maisons-Laffitte (78).

~ Maison de retraite Trèfle bleu à Paris.

Déjà, 50 % des maisons de retraite en France acceptent les chats (soit 5000 établissements).

"La présence animale est un bon révélateur de l'image que l'établissement a de lui-même et de la qualité de vie en son sein." - Pascal Champvert, président de l'association des directeurs d'établissements d'hébergement pour personnes âgées.

Il ne tient qu'aux maisons de retraite de s'en rendre compte de l'apport thérapeutique de la part des chats.

"Les nouveaux venus sont souvent angoissés à leur arrivée à la maison de retraite et nous avons remarqué qu'ils s'adaptaient mieux à l'établissement avec la présence de leur animal de compagnie ..." - Henri Gielbaum, directeur du Trèfle bleu.

Agnès Labram, psychologue au Centre hospitalier de Lagny, précise que la présence de l'animal en institution *"permet de mieux gérer le stress, permet l'accès au plaisir, au rire, à la détente, à l'évasion, à la convivialité. Elle répond aux besoins affectifs et émotionnels, resocialise, rééquilibre et renforce le sentiment d'utilité."*

Voir les rubriques "Retraite féline".

RETRAITE FÉLINE

Préparez "la retraite" de votre compagnon félin.

Visitez les établissements qui proposent ce service au public, sur rendez-vous, pour voir l'état de santé et les conditions de vie des chats déjà sur place.

Plusieurs visites pourront donner une impression globale plus juste qu'une seule visite.

Les chats perdent la perception de la soif avec l'âge.

La nourriture naturelle des chats étant humide, une alimentation composée exclusivement de croquettes sèches n'est pas indiquée.

L'herbe fraîche à grignoter est essentielle dans un lieu de vie pour chats.

Sinon les chats seront frustrés par le manque d'herbe verte longue.

S'il y a des enclos, il doit s'y trouver : pots d'herbe verte, branchages d'arbres installés pour que les chats puissent grimper dessus, les gratter et s'y percher.

Attention au nombre de personnel par rapport au nombre de chats, ainsi qu'à la superficie donnée à chaque groupe de chats.

Est ce qu'au moins une personne vit avec chaque groupe de 30 chats pour les surveiller ?

Il ne doit jamais avoir plus de 50 chats par groupe, c'est la réglementation française.

Vingt chats par personne, est plus raisonnable pour que tous reçoivent suffisamment d'attention s'ils sont tous âgés.

Chaque groupe de chats doit disposer d'au moins 50 m2 de territoire, cette minimum légale est extrême et déjà 100 m2 est un minimum raisonnable, avec une partie de cela étant un intérieur chauffé.

Chaque chat a besoin d'attention, même les chats timides apprécient la présence d'un être humain sur leur territoire, cette présence régulière les rassure.

Votre chat a besoin de gentillesse et d'attention pour savoir qu'il est encore aimé et pour qu'il se sente qu'il a un chez lui.
Sinon, il va déprimer et donc tomber malade.

CONCLUSION : Choisissez un lieu où les chats vivent tous avec les humains, jamais plus de 50 par groupe, toujours avec accès à de l'herbe qui pousse, des choses sur lesquelles grimper, une alimentation humide, aucun signe de tristesse, de déshydratation, de maladie de la peau, d'écoulement du nez !

Ces choses se soignent, si on s'en occupe avec douceur, et une nourriture de qualité dans un environnement adapté aux besoins biologiques des chats.

Les écoulements du nez séchés ne doivent jamais être arrachés.
Elles doivent être imbibées d'eau (à l'aide d'une boule de coton trempée dans de l'eau tiède) jusqu'à elles s'assouplissent puis elles peuvent être essuyées

sans appuyer.

Si vous voyez de ces symptômes dans un lieu qui se propose comme garderie ou retraite pour chats, c'est que les chats sont stressés car les gardiens sont insuffisants en nombre ou ne font pas assez attention à chaque chat.
Votre chat n'y serait pas heureux.

Lorsque vous avez trouvé un établissement convenable, vous remarquerez que le personnel de l'établissement donne des câlins et tâche de connaître le caractère de chaque chat pour le garder dans un groupe compatible où il sera le plus à son aise.

Il vous sera demandé d'instaurer un virement mensuel pour payer la nourriture, l'entretien, etc. que vous ne devrez jamais interrompre si vous voulez des nouvelles ou un droit de visite.

L'établissement vous demandera également de verser une somme (dépôt santé) suffisant pour couvrir les frais d'urgences vétérinaires et dépenses supplémentaires futures.

Une bonne idée est de prévoir en plus une somme dans votre testament ("libre de tout droit") en faveur de l'établissement de votre choix, pour éviter la fermeture définitive pour excès de chats non parrainés, cela arrive, car ils vont avoir des chats errants sauvés de lieux difficiles.

En tant que parrain, vous recevrez des photos et des nouvelles par courrier automatiquement (si vous communiquez de nouveau votre adresse en cas de déménagement).

Pour plus d'information sur la déshydratation, l'arthrite, les chats âgés, etc. voir le livre "Chats, rétablir la santé !" sur le site foyerfelin.free.fr

DONATEURS

Pour soutenir les actions qui vous tiennent à cœur, trouvez un organisme qui concentrent ses ressources sur les sauvetages avec efficacité, diligence et initiative, qui utilise les dons intégralement pour permettre le sauvetage et soins des chats sauvés.

Certains organismes ont utilisé les dons pour faire de la publicité afin de se faire connaître et des reportages d'actions d'autres associations moins connus en faisant croire que la mobilisation vient d'eux-même en mentionnant le moins possible le nom de l'association qui a supporté presque tout les coûts et qui a fait tout le travail et a réellement besoin de votre don.

Quand vous trouvez un organisme que vous pensez vous aimeriez aider, vérifiez leur efficacité en leur demandant quelle assistance ils peuvent vous accorder pour que vous puissiez entreprendre d'aider tout les chats dehors dans votre quartier de résidence.

S'ils jouent à vous retarder en vous demandant de les envoyer une demande par lettre (!) puis qu'ils vous envoient une lettre type de refus d'aide, ou propose seulement quelques bons de stérilisations, c'est un organisme façade basé sur la publicité et sans activité efficace.

Une bonne association vous proposerait tout l'information vous avez besoin, elle vous aiderait à trouver quelle clinique vétérinaire pratique un tarif réduit pour les bénévoles (elle aurait déjà un tarif vétérinaire en place si elle est située dans votre localité) et réglerait tous les autres stérilisations de chats et elle vous inviterait à rester en contact pas à pas pour vous guider vers la réussit de votre mission (stérilisation des chats de votre rue, jardin, ferme, village ou quartier).

Les associations actives ne dépensent pas sur de la publicité, ils utilisent les dons pour régler les coût de leurs activités.

Les directeurs d'organismes sérieux ne prennent pas une salaire.

Les dons envoyés à une tel association assurent la continuité de son activité salvatrice efficace.

Ces personnes ne vont pas dépenser sur des luxes inutiles ou les besoins de dépendants humaines sans rapport avec les activités de sauvetage, soins et lieu de vie des chats.

Bien sûr ces personnes ont besoin d'une indemnité couvrant ce qui leur est nécessaire durant le temps qu'ils donnent à l'action de sauvetage ou soins des chats.

Ceux qui s'appliquent bénévolement à longueur de chaque jour aux buts d'une association, y dépendent pour payer les coûts des sauvetages (frais vétérinaires, transport, nourriture et matériel) mais ils y contribuent aussi.

Nombre d'associations ferment chaque année en France lorsque les ressources monétaires de leurs fondateurs sont épuisés.

Il n'existe aucun organisme qui sauve les associations et leurs refuges.

Si un organisme voulait vraiment aider les refuges, il vous enverrait les noms, adresses et coordonnées internets de chaque refuge et association de sauvetage, en invitant les donateurs potentiels à soutenir celui qu'il a envie de soutenir selon ses critères propres.

Vos dons changeront quelque chose si vous les envoyez à une association participant aux sauvetages et aux tâches journaliers d'entretien d'un lieux de vie pour chats sorties de la rue ou des fourrières ou avant pour les éviter d'y être déposés.

Si vous voulez aider les chats, évitez de donner à les organismes qui ont déjà tellement d'argent investissent dans les choses qui ne servent pas aux sauvetages, ni aux chats sauvés.

C'est dans la stérilisation et l'entretien de foyers félins qu'il faut investir.

Les personnes salariées, et rien que pour répondre au téléphone dans des organismes qui font de la pub, vous disent qu'on ne peut rien changer pour les chats !!!

Les efforts des bénévoles dans d'autres pays, comme l'Angleterre, l'Allemagne, l'Italie, et le Suisse, ont amélioré la situation au point où un chat abandonné est ramassé par n'importe quelle personne de cœur, parce qu'ils savent qu'ils peuvent l'amener dans un foyer félin ou une boutique d'association de sauvetage de chats ou foyers d'accueil et d'adoptions.

Ce retard de la France, occasionne la souffrance des millions de chats nés chez les particuliers qui ne les ont pas fait stériliser à temps, les chatons reproduisent dehors si personne ne les adopte car les gens qui les ont fait naître ne veulent portant pas de leur saleté dans leur maison, ils ne savent pas gérer, ils donnent des chatons à n'importe qui sans garantir la stérilisation, et même sans savoir où ils vont, ni s'ils ne se trouveront abandonnés le soir même qu'ils auront servit de jouet pendant quelques heures !

Encore à ce jour, quand l'une de ces personnes confuses appelle un des organisme riches, elle ne reçoit pas l'information dont elle a besoin pour pouvoir faire stériliser.

Les solutions sont disponible sur les sites Internet comme **foyerfelin.free.fr** mais les organismes racleurs de fonds n'ont même pas une liste de la moitié des 450+ associations d'aide aux chats pour orienter la personne vers une association de proximité.

Résultat : leur réserves constitués de dons et de legs augmentent et leurs personnels sont contentent de cela car ainsi leurs salaires sont assurés même s'ils sont salariés pour deux fois rien, car ils ne vont même pas sauver les chats dans leurs propres quartiers, ni les chats errants dans le quartier de leurs bureaux (dont les loyers sont payé avec l'argent des dons alors qu'un bureau à la maison fonctionne aussi bien) !

Puis, si vous les proposez votre main d'œuvre bénévole, ils disent qu'ils ne veulent pas de votre aide, qu'il n'y a rien à faire, ils veulent juste vos dons !

Tous ces chats sans foyer que vous aimeriez sauver, auraient été sauvés si ces dons avaient été utilisé pour soutenir les bénévoles qui se proposent pour capturer, stériliser, retourner sur les lieux de capture, et des endroits sûr où garder les chats convalescents ou trop dociles pour survivre dehors.

Les dépenses utiles sont les frais de stérilisations, les soins de convalescence, et la sécurité des chats non-adoptés.

Ces bénévoles dédiés, actifs par tous les intempéries, sont une ressource indispensable à la vraie protection animale.
J'espère que les amis des animaux prendront note, et qu'ils choisiront de donner à les œuvres qui ont vraiment besoin de fonds pour maintenir leurs activités de sauvetage et de sauvegarde des in-adoptés (l'association "Jardins félins" par exemple).

Puis, une fois que vous êtes d'un aide efficace financièrement, demandez des nouvelles sur leur revenu et ce qu'ils ont prévu de faire des que suffisamment de fonds arrivent à leur disposition ; demandez ce qu'ils ont accomplit déjà en termes de terrains, jardins, etc où ils ont fait stériliser les tous chats errants, et les sommes qu'ils ont besoin pour les prochaines étapes.
Ainsi vos dons vont vraiment soutenir ce que vous aimeriez voir se réaliser : la fin des souffrances, territoire par territoire.

Note aux journalistes : vous pouvez obtenir les reportages récentes de nos sauvetages et les œuvres pour lesquels il faut encore de dons, par email à foyerfelin@gmail.com

Fourrières

Vous n'êtes plus obligés de tuer

Les fourrières ont le droit de céder les chats, sans frais, à une association dès la fin de la garde légale.

Aussi bien si leur séjour en fourrière ait été de quelques jours réglementaires ou selon l'Ordonnance d'un juge.

Pour mettre votre fourrière en relation avec un bénévole d'une association contactez Jardins félins par émail : **foyerfelin@gmail.com**

ASSOCIATIONS

Réussir votre association de proximité

"Jardins félins" encourage et assiste la création d'associations.

Un grand avantage consiste en la possibilité d'agir dans le domaine des relations publiques.

En lisant cette série de livres édité par "Jardins félins", vous pouvez élargir vos compétences dans le domaine des relations publiques.

Deux exemples :

1). Dans un club de loisirs, quelques personnes ont exprimé des soucis par rapport à un groupe de chats (pourtant stérilisés) vivant dans le parc depuis des dizaines d'années.

Les directeurs du club ont répondu qu'ils allaient aider les chats, mais ils ont affiché une annonce signalant qu'ils avaient demandé à une entreprise de capturer les chats pour les amener dans un refuge.

Cependant, ils ne savaient pas que les chats craintifs ou sans numéro d'identification ou abandonnés aux "soins" d'un refuge, sont tués.

Heureusement quelqu'un a immédiatement contacté une association s'occupant de chats.

Cette association a apporté son soutien aux nourrisseurs et a sauvé la vie des chats.

L'association a d'abord contacté les directeurs pour écouter le problème exact que pose la présence de ces chats.

Grâce à cette action, elle a su qu'il serait utile d'apporter des éléments d'études scientifiques sur les aspects sanitaires et d'environnement, et de proposer d'installer des petits Chalets-chats afin que les chats ne traversent plus les routes du parc pour manger.

Les directeurs ont donné leur accord.

Les nourrisseurs ont installé les Chalets-chats, loin des routes, et ne donnent plus à manger que dans ces petits abris.

Tout nouveau chat était rapidement stérilisé, il n'y avait pas de souci d'odeur ou de bruit.

La vie des chats est souvent mise en danger du fait de la méconnaissance de la situation, un souci exprimé au autorités qui n'ont pas connaissance des solutions sans danger pour les chats.

Leur sauver la vie passe par l'écoute des soucis par une personne pouvant immédiatement proposer les solutions, et montrer des imprimés qui soutiennent les solutions proposées.

Vous pouvez être cette personne grâce au guide que vous lisez actuellement.

2). Dans un quartier résidentiel, certaines personnes se sont plaintes de la présence de chats dans les jardins, tandis que d'autres les nourrissaient et en faisaient stériliser.

Le syndic a annoncé dans une circulaire qu'il était interdit de nourrir les chats dehors.

Un des nourrisseurs a contacté une association féline pour demander la solution.

L'association a contacté le syndicat en proposant qu'il pourrait orienter les plaintes vers leur Contact sur place, (le nourrisseur qui a accepté d'être bénévole de l'association), afin que les soucis de chacun soient résolus immédiatement.

Elle a demandé au syndicat de mentionner dans la lettre aux résidents, les coordonnées du Contact en précisant qu'il serait à leur écoute s'ils voudront bien s'exprimer calmement sur les troubles exacts qu'ils rencontrent au sujet des chats.

Le plan d'action proposé par l'association au syndicat comportait :

La distribution de dépliants dans les boîtes aux lettres pour les personnes qui se sont plaintes.

L'installation d'appareils pour éloigner les chats des jardins des personnes qui souhaitent bénéficier gratuitement de cette dispositif.

La stérilisation d'office pour tout chat trouvé sur le territoire, aux frais initialement de l'association qui sera remboursé au fil des années par une contribution de [X] euros par résident inclues dans les charges syndicales.

La mise en place de Chalets-chats dans les jardins privés des nourrisseurs pour encourager les chats à rester dans les jardins des personnes qui les apprécient.

Le Syndic a approuvé le plan, et a promis d'orienter les plaignants vers le Contact local.

Après l'entretien, le Contact a distribué des dépliants de "Jardins félins" et a parlé à 75 résidents.

Elle a fait stériliser 44 chats et chatons errants aux frais de l'association.

Elle a trouvé quelqu'un pour construire les Chalets-chats en se servant de notre plan de montage.

Six Chalets-chats ont été installés et entourés de plantes de Menthe à chats dans les jardins des nourrisseurs.

Au deuxième entretien de l'association avec le Syndicat, les parties étaient d'accord pour reconnaître la satisfaction des résidents et leur coopération.

L'écoute active des problèmes soulevés et l'apport de solutions les plus appropriées ont permis aux résidents de mieux comprendre les chats et ils en parlent désormais entre eux pour la plus grande satisfaction de chacun.

L'initiative du Syndicat d'accepter les services de l'association a été appréciée par les résidents.

L'association a envoyé quelques recommandations aux directeurs pour faire perdurer la réussite du plan d'action :

De faire des mentions régulières dans leurs circulaires pour entretenir la communication ouverte en invitant les résidents à s'adresser au Contact local de l'association pour toute question au sujet des chats.

D'aviser tout nouveau résident qu'il doit faire stériliser ses chats.

De toujours noter les coordonnées des plaignants et de ne jamais ignorer un appel concernant les chats dehors, mais de passer leurs coordonnées au Contact ou à l'association afin d'éviter de laisser resurgir un problème.

VOS PREMIERS PAS AVANT DE DÉCLARER VOTRE ASSOCIATION

Cela commence par UNE PERSONNE parmi celles qui ont sauvé un chat SDF, l'ont fait stériliser, l'ont soigné et nourri, et l'ont protégé du froid et de la pluie (l'ont construit un abri étanche ou l'ont accueilli chez eux.

Cette personne trouve un autre chat, ou même plusieurs, même parfois dès le départ.

Elle souhaite aider les chats SDF à trouver un gîte propre et sec, à manger à leur faim et ne plus les voir périr.

Si vous aimeriez que ce soit votre cas, vous pouvez exprimer votre intention par émail à **foyerfelin@gmail.com** pour éclairer votre chemin.

Une personne expérimentée vous servira de guide, elle vous écoutera et établira avec vous un plan en étapes simples parfaitement adaptées à vous et aux circonstances qui vous ont amené à chercher conseil.

Votre accord vétérinaire

Une des premières étapes sera de trouver un vétérinaire qui soit d'accord pour faire un prix pour la stérilisation des chats errants.

Voila les accords qu'on devrait toutes (nous les associations) avoir avec les vétérinaires :

La stérilisation des chats que vous avez déjà vus est urgente, car les chats se multiplient vite et leur nombre va conduire à ce qu'un voisin les tue. Alors, si vous êtes dans une situation inconfortable financièrement, par exemple si vous êtes au chômage, proposez de régler 60 euros par mois jusqu'à l'obtention d'un financement qui permettra de régler le reste.

Et enfin, demandez que les stérilisations de chat ou chatte errant(e) puissent être assorties de soins ponctuels sous une même anesthésie afin d'utiliser moins de produits anesthésiant, et ne pas avoir à capturer à nouveau un chat devenu méfiant.

Petite histoire :

Un jeune garçon le matin s'est pointé dans une clinique vétérinaire avec des chatons pour les donner.

La secrétaire a dit qu'elle ne pouvait pas les prendre et lui a conseillé de appeler une association en lui laissant des coordonnées... quelques heures plus tard un homme cette fois-ci d'après des témoins, a déposé le carton avec les chatons sur le parking à 2 pas de la route !!!

Mais si seulement la clinique avait dit *"ok mais à condition que tu nous donne d'abord la mère pour qu'on la stérilise, puis tu peux nous amener les chatons lorsque tu viens chercher la mère."*

Puis entre-temps, la clinique aurait pu prévenir l'association de l'arrivage.

Ça va coûter plus cher de soigner la prochaine portée de cette mère que de régler la stérilisation.

Modèle pour lettre aux vétérinaires :

[Votre nom, adresse et n° de téléphone fixe]

[Noms des vétérinaires et de la clinique]

Objet : Pour la stérilisation des chats errants afin d'améliorer leur intégration auprès des habitants de notre quartier.

Docteur,

Je souhaite agir bénévolement en accord avec le but de l'association "Jardins félins" afin de faire stériliser les chats errants pour leur éviter les conséquences dramatiques de la reproduction de chats dehors.
"Jardins félins" fait stériliser au lieu des techniques de contrôle inefficace qui se résument à tuer les chats tous les ans.
J'ai un très faible revenu, tel que j'ai un avis de non-imposition.
De ce fait je recherche un vétérinaire d'accord pour un tarif "chats errants".
Je pourrais vous amener des chats qui n'auront autrement jamais eux l'occasion de voir un vétérinaire.
Dans mon voisinage il y a des chats nourris par quelqu'un incapable d'assumer sa responsabilité d'éviter les morts de chatons par sa négligence.
Trop jeunes pour être dehors, ces chatons meurent de rhumes et sur la route.

Les chats stérilisés améliorent la réputation des chats, ainsi davantage de personnes s'en occuperont au lieu de les laisser mourir sans soins.

Puis-je amener des chats à la clinique sans rendez-vous pendant les heures d'ouverture ?

Je peux ainsi vous en amener le matin peu après l'ouverture pour que vous les aurez sous la main, à stériliser à votre convenance dans la journée.

Je peux les récupérer avant l'heure de fermeture, ou à partir de quand vous m'appelez pour dire qu'ils sont prêts.

Les anesthésies pour les chats errants doivent être minimales et spécifiques à l'espèce pour un réveil rapide et facile car les chats vivant dehors doivent pouvoir retrouver rapidement leur territoire familier afin de récupérer.

En attente de vos consignes, je passerais après demain à la clinique pour prendre vos devis "stérilisation chat errant" (un pour mâle et un pour femelle) ainsi qu'un devis "stérilisation-identification chat errant" (encore deux si le tarif est différent pour mâle et femelle).

P.S. Il est tout de même utile de tatouer un "S" dans une oreille lors de la stérilisation, même si le chat est identifié par puce électronique, pour éviter qu'un vétérinaire fasse l'anesthésie et intervention deux fois sur la même chatte !

Cordialement,

Votre plan de financement

Vous aurez du soutien une fois que vous aurez démontré la réalité de vos priorités.

C'est sur cette base que votre association sera prise au sérieux.

Priorité n°1 : Ne pas attendre pour faire stériliser.

N'attendez aucune subvention avant de commencer à faire stériliser.

Trouvez un vétérinaire qui soit d'accord pour un prix "Chats Errants" et une facilité de règlement pour les stérilisations du premier endroit, car vous devez commencer vite et finir l'endroit le plus rapidement possible afin que soit remarqué l'efficacité de la stérilisation des chats errants.

Priorité n°2 : Vérifiez que les chats ne traversent pas une route pour aller manger.

Vous allez apprendre à faire preuve de compétence en relations publiques auprès du directeur du lieu, que ce soit un parc d'hôpital, de maison de retraite, de résidence universitaire, de base militaire, de prison, d'hôtel, d'usine ou de banlieue.

Les chats abandonnés cherchent une source de nourriture et se regroupent autour de l'endroit où quelqu'un leur met à manger.

Priorité n°3 : Déclarez-vous en association et faites connaître votre action.

Une fois que les chats du premier endroit sont tous stérilisés et qu'ils dorment et mangent sans avoir à traverser une route, vous pouvez envoyer vos statuts d'association au Bureau des associations de la Préfecture de votre département.

Le modèle des statuts d'association se trouve sur Internet et vous pouvez le copier depuis le site **foyerfelin.free.fr** puis le modifier sur votre ordinateur (au moins pour y insérer vos propres coordonnées et noms, nom d'association).

Dès que vous serez en possession du récépissé que la Préfecture va vous envoyer, vous pourrez envoyer un récit de votre action aux journaux locaux, aux magazines spécialisés chats, et créer un site Internet sans publicité, (avec réservation de nom de domaine, à environ 7 euro par an, et hébergement payant, environ 20 euros par trimestre), puis faire ajouter votre association sur les listes d'associations de proximité pour chats, comme celle du site **foyerfelin.free.fr**

Les mairies sont désormais davantage intéressées pour subventionner une association qui se charge d'assister les citoyens face à les nouvelles lois relatives à la stérilisation, toujours dans le même but de faire cesser les trafics et les « euthanasies » massifs qui ont lieu encore de nos jours en 2014 en France.

La stérilisation est déjà reconnue dans d'autres pays comme étant la solution durable, cohérente avec les lois contre la cruauté.

La mairie peut alors solliciter votre association, au lieu d'utiliser la fourrière, pour les chats errants.

Gardez les traces de ce que vous avez effectué : factures vétérinaires, photos de chaque chat prises avec votre téléphone mobile au fur et à mesure.

La suite :

Rencontrez le maire de votre commune, ou avec un membre du Conseil général.

Vous aurez plus de chance d'une réponse favorable si vous faites part à un journaliste pouvant relater votre discussion avec [nom de l'élu].

L'objectif est de proposer l'accord suivant : votre association met à disposition son numéro de téléphone pour remédier à tout souci de chats et se charge de faire stériliser les chats errants de la commune.

En échange, la municipalité vous soutient sous forme de mentions systématiques dans les publications municipales, et subventions pour participer aux frais des stérilisations.

Éventuellement demandez aussi l'octroi d'une salle pour six soirées dansantes ou tombolas que vous pouvez organiser dans l'année pour vous aider à financer les autres frais vétérinaires.

Suite à votre première action, vous pouvez faire entrer des contributions grâce à une lettre que vous mettrez vous-même dans les boîtes aux lettres du voisinage.

Dans cette lettre, vous mettez en avant les bienfaits de votre action qui seront l'arrêt des bruits nocturnes, marquages urinaires, et chatons morts sur les trottoirs.

Expliquez que vous pouvez être contacté pour tout nouveau chat afin d'éviter le retour des problèmes.

Vous pouvez également indiquer la nécessité pour votre association de recourir aux contributions des bénéficiaires de son action car vous avez investi vos propres ressources afin de faire stériliser les chats qui mangent dans votre jardin.

Aussi vous demandez leur soutien à votre action de faire stériliser les chats de leur voisinage.

D'autres possibilités à ajouter :

Si vous avez un travail, vous pouvez donner 20 % de vos revenus déclarés et réduire vos impôts de 66 % du montant donné.

(Si le montant à déduire est plus important que le montant de vos impôts, la réduction de la facture d'impôt s'étalerait sur jusqu'à cinq années de suite.)

Si la mairie vous accorde une salle de fêtes pour certains jours de l'année, vous pouvez organiser des événements au bénéfice de l'association : soirées dansantes, tombolas, etc.

Si vous avez des affaires de valeur, vendez-les au juste prix, sur des sites d'annonces gratuits.

Si vous avez un garage, vendez-y tout ce que vous n'utilisez pas.

Mettez une pancarte "vide grenier / garage" tous les dimanches après-midis.

Pour la fabrication de vos Chalets-chats, donnez des photos extraites de ce livre à un "atelier d'Aide par le travail" ou à une association d'insertion sociale ; ils se feront un plaisir d'en fabriquer pour votre association, et ils achèteront les matériaux bruts jusqu'à perfectionner leur méthode.

Vos relations publiques

Cette série de guides édités par l'association "Jardins félins", vous préparera à gérer les situations délicates, à exécuter vos projets, à pérenniser vos résultats, et à mettre en forme le compte-rendu de vos réussites pour les faire publier afin que vous soyez soutenu.

Présentez-vous au responsable, propriétaire ou gérant, du lieu où vous avez vu un (ou des) chat(s) dehors et dites :

"Bonjour, je suis [prénom, nom], j'ai vu un chat près de la route, et j'aimerais faire stériliser les chats errants d'ici pour que vous ne soyez pas envahi de chatons. Aussi, pour éviter qu'ils ne se fassent écraser sur la route….

Si cela vous convient, pouvez-vous me donner l'autorisation par écrit d'entrer sur votre terrain afin que je puisse attraper les chats avec mes cages de capture, sans me faire embêter par vos locataires ou vos voisins ?

Je dois habituer les chats à manger dans mes cages afin de pouvoir les attraper pour les amener chez le vétérinaire afin qu'ils ne fassent plus de chatons. Dans quel coin je peux les nourrir ?"

Le propriétaire ou gérant appréciera certainement que vous lui montrez votre authenticité, alors, pendant votre première action vous pouvez être le Contact d'une association qui vous fournira des dépliants et un mandat d'activité.

Si l'endroit est un lieu public (propriété de la ville), vous pouvez d'abord demander un rendez-vous avec le maire et lui laisser un dépliant.

Le but de l'entretien est de demander une autorisation écrite pour :

- officialiser vos démarches de nourrissage et de capture pour stérilisation ;

- relâcher les chats au point de leur capture ;

- informer les particuliers de la nécessité de faire stériliser les chats qu'ils nourrissent.

Remerciez vos vétérinaires :

Dites-leur que si jamais un problème surgit concernant les chats amenés au nom de votre association, qu'ils s'adressent à vous.

D'autres vétérinaires seront encouragés à travailler avec les associations s'occupant de chats, grâce à votre bonne procédure.

Les Contacts déposent des chats le matin peu après l'ouverture, sans rendez-vous.

Les vétérinaires vont ainsi s'occuper des stérilisations dans la journée selon leur planning.

Les Contacts reprennent les chats le soir juste avant la fermeture toujours dans les cages, et les amènent directement dans une pièce, toujours dans les cages mais bien à l'abri du froid et de courants d'air.

Les chats pourront être remis sur le lieu de leur capture dès le lendemain s'il fait beau, sinon juste les mâles qui ne sont pas trop maigres, gardez les autres une journée de plus à condition qu'ils n'aient pas trop peur pour manger dans la cage.

Vos textes :

Vous pouvez copier les textes du site **foyerfelin** pour vos dépliants.

Une information claire est essentielle pour promouvoir la stérilisation au bénéfice des chats, leurs nourrisseurs et les voisinages.

Je vous offre ces textes pour vos dépliants.

Ils vous serviront en fonction de la situation et des destinataires, selon les discussions que vous avez eues avec les voisins sur place.

Par exemples : "L'utilité des chats", "Stérilisation", "Fermes", "Chalet-chats", "Minette a six mois", "Errante", "Vous et les chatons", "Nés pourquoi ?", "Jardins et chats", "Adoptez adulte", "Bien préparer l'adoption".

Faites connaître votre association en affichant un poster simple confectionné par vous, à la mairie et aux cliniques vétérinaires, aux services sociaux, aux établissements scolaires et aux entreprises de votre ville.

Si parler à une classe d'enfants vous inspire, vous pouvez prendre contact avec le directeur d'un collège dans l'intérêt de faire des présentations de votre association et de votre site Internet (ou blog Facebook public) dans les classes ou assemblées afin d'expliquer pourquoi il y a tant d'animaux dans les refuges, les bienfaits de la stérilisation des chats, etc..

Vous pouvez rappeler l'importance de la responsabilité de chacun concernant la santé de ses animaux de compagnie, la nécessité de les faire stériliser pour ne pas ajouter au cruel sort des chats des rues, et les specificités de les garder chez soi pour éviter qu'ils ne divaguent sur les lieux publics ou sur les propriétés de voisins (qui peuvent ne pas les apprécier).

A l'occasion d'un festival ou Salon local, contactez les organisateurs pour proposer de présenter gratuitement une table d'informations sur les bienfaits de la stérilisation des chats.

Sur votre demande votre présence serait reçue sans frais dans ces événements ainsi que sur les marchés locaux, marchés de nuit, foires, expositions, et conférences.

DEMANDES D'AIDE

Lorsqu'on demande votre aide, c'est souvent que la personne qui s'adresse à vous nourrit déjà des chats dehors.

Cette personne sera donc motivée pour régler le problème local.

Elle s'occupera alors de la capture et du transport si elle en est capable, ce qui vous permettra de l'aider et réduira le nombre d'appels que vous recevez pour chats errants à ramasser sur son secteur.

Écoutez-la et donnez-lui les conseils dont elle a besoin.

Cette personne a certainement envie de résoudre le problème elle-même, et a seulement besoin d'une aide spécifique selon la situation.

Cela vous fait un bénévole qui sera habile pour peu que vous lui posiez quelques questions et lui serviez de guide.

Posez des questions pour savoir si la personne sait utiliser les cages de capture et à quelle hauteur elle peut contribuer financièrement aux frais vétérinaires (non pas une contribution par chat mais par personne, autrement les personnes seules qui aident beaucoup de chats hésiteront à vous contacter et la situation s'aggravera en peu de temps).

Si un appel provient d'une personne hostile envers les chats, c'est qu'elle ne comprend pas les comportements des chats.

Posez des questions pour déterminer exactement le souci, et proposez

des solutions qui la satisferont.

Peut-être pourrait-elle utiliser un répulsif non-toxique, ou entrer en contact avec les nourrisseurs des chats pour leurs donner des coordonnées d'une association à contacter afin d'enrayer la prolifération et les comportements territoriaux.

Dans tous les cas, notez les coordonnées du contact ou au moins le nom du quartier concerné, et si possible les coordonnées d'un nourrisseur des chats.

EFFET MAXIMUM

La stérilisation de tous les chats d'un endroit améliore les attitudes envers les chats, car les résultats sont remarquables.

Cette méthode améliore la vie des chats et les résidentes de l'endroit.

Pour s'assurer que les résultats remarqués durent, les nourrisseurs doivent faire le suivi des chats de l'endroit concerné, et s'assurer que tout nouveau chat soit immédiatement stérilisé.

Si un nouveau chat arrive, il ou elle doit être vite stérilisé(e) pour que plus aucun problème ne recommence à l'endroit concerné.

Il n'y a pas à se soucier qu'un chat puisse appartenir à quelqu'un, s'il divague du jardin de son "maître" il est un chat errant aux yeux de la Loi.

Bon nombre des chats errants sans toit vont pouvoir se faire adopter dans le voisinage une fois stérilisés, car ils seront moins peureux.

Contactez la fourrière pour proposer que désormais ce soit vous qui vous occupiez des chats lorsqu'il y a des appels de personnes mécontentes de la présence de chats errants.

La fourrière pourra vous donner les lieux précis indiqués par les personnes s'étant plaintes de chats.

Épinglez ou surlignez sur une carte du canton, l'emplacement de chacune de ces adresses afin de vous aider à localiser l'endroit où doivent se rassembler les chats pour manger.

Puis allez trouver leur nourrisseur pour vous organiser avec lui afin de les attraper pour les faire stériliser, ainsi il n'y aura plus de plaintes auprès de la fourrière ni de ramassage de chats errants par la fourrière sur cette commune.

Les dépliants soutiennent votre crédibilité.

Associés à des commentaires des résidents où vous avez déjà fait stériliser des chats errants (par exemple les voisins de votre jardin), ils montrent la façon dont votre association est organisée et éduquée et mettent en valeur la réputation et l'efficacité de votre organisme.

Allez sur place avec des dépliants et parlez avec les passants pour les informer de votre présence et de votre objectif de remédier agréablement à tout problème de voisinage concernant les chats errants.

Dites clairement que vous allez faire stériliser les chats pour immobiliser leur nombre (voire le diminuer, car certains chats étant trop fragiles pour continuer leur vie dehors pourront être placé ensembles en jardin d'accueil).

Évoquez les bénéfices de la stérilisation, qui rend les chats plus tranquilles, propres et casaniers.

Encouragez-les à parler de leurs propres chats afin de savoir si ceux-là sont stérilisés, et expliquez-leur qu'il est urgent de le faire car beaucoup de chats ont été tués sur le canton (du fait de personnes qui ont laissé reproduire les chats qu'ils nourrissent).

Mentionnez que vous cherchez les personnes qui nourrissent des chats dehors afin d'obtenir leur coopération pour la capture.

Avec autant de cages de capture qui rentreront dans votre véhicule, commencez à les capturer par rapport aux disponibilités du vétérinaire.

Vous pouvez capturer le soir, ou le matin même, pour amener les chats chez le vétérinaire à l'heure qu'il préfère (en générale à l'ouverture de la clinique le matin).

Continuez fidèlement à faire les captures tous les jours jusqu'à ce que tous les chats de l'endroit soient stérilisés.

(C'est un course contre le temps pour finir avant qu'une autre portée ne naisse.)

Pour les demandes d'aide reçues entre-temps, relatives à d'autres quartiers, vous pouvez prêter une cage (contre caution), et donner des informations pour les guider dans les démarches à suivre.

Concentrez votre propre énergie pour attraper sur un endroit à la fois, jusqu'à ce que tous les chats sur ce lieu soient stérilisés afin que les résultats de vos efforts se fasse remarquer.

C'est à partir de deux semaines après la stérilisation de tous les chats et chattes d'un endroit que les bruits et autres dérangements cessent.

Demandez aux nourrisseurs d'être vigilants et de vous contacter dès l'apparition d'un chat inconnu ou un qui a été oublié, et retournez pour le capturer et le faire stériliser afin de préserver la tranquillité des résidents et des chats à cet endroit.

Trois semaines après avoir terminé les stérilisations à un endroit, vous pouvez vous y rendre un soir pour recueillir les commentaires des résidents attestant de l'efficacité de votre action.

Votre réussite fera une histoire susceptible d'intéresser des journalistes, et vous ajouterez une demande de dons pour vous aider à financer votre continuation.

REFUGES

NE TUEZ PAS : ("GO NO KILL")

A choix donné entre "éliminer" les chats d'une ville ou faire stériliser avec une participation de 10 euros par habitant, presque tout le monde préfère la stérilisation.

Tuer n'est pas efficace, ni économique, et ce n'est pas votre mandat.

Donnez un choix aux plaignants :

\# Au lieu d'accepter immédiatement de prendre un chat, vous pouvez proposer un choix au même tarif, soit la stérilisation-retour sur place, soit la mort du chat (à moins que vous ayez une autre solution à proposer).

Les personnes qui vous amènent un chat s'imaginent que vous allez pouvoir le garder et le faire adopter.

Proposez ce choix même aux personnes qui ont déjà fait enlever des chats quand ils ne savaient pas que la stérilisation était une option efficace contre les comportements territoriaux (cris, bagarres et odeurs).

\# Demandez des précisions sur le souci que pose le chat, puis expliquez comment **les répulsifs non-toxiques, et la stérilisation sont des solutions efficaces**.

Si cela ne les satisfait pas, il se peut qu'il s'agisse en réalité d'un chat qu'ils ont eu dans leur maison, alors mentionnez qu'il y a des conseils très astucieux aux rubriques "Intégration" (d'un chat dans votre maisonnée) et "Comportements" dans le livre "Chats, résoudre les soucis de comportements" 3 euros sur le site internet **foyerfelin.free.fr**

Ou vous pouvez imprimer au fur et au mesure quelques dépliants fait des textes de ces rubriques.

Ces solutions humanitaires servent les intérêts du public et améliorent vos relations avec les membres de la communauté.

L'utilisation du mot "euthanasie" est un manque totale de transparence sur ce qui arrive aux chats dans les fourrières et dans beaucoup de refuges : la vérité est qu'ils sont tués à défaut de place, et surtout à défaut de volonté d'**instaurer des choix et des dépliants** qui permettraient de réduire à près de zéro le nombre de chats qui entrent dans le refuge.

Au lieu de blâmer les "maîtres irresponsables" ou le manque de place, pour expliquer les sacs poubelles de chats sans vie, les refuges "no-kill" trouvent des solutions pour aider les animaux sans foyer.

Refuser est toujours mieux que tuer :

Les témoignages sont nombreux de personnes qui voulaient aider un chat, et qui sont devenues victimes d'une déception déchirante à cause d'un refuge qui acceptait de prendre les chats sans poser de question, sans avertir des conséquences inévitables de cette démarche, ni des options (soit, laisser le chat avec [x] euros et ne plus le revoir car il sera tué, soit, remporter le chat chez soi pour lui donner une vraie chance de retrouver ses maîtres ou un nouveau foyer).

Les refuges peuvent faire cesser ces tragédies

Soit, vous avez le droit de refuser de prendre un chat.

Soit, vous avez le droit de proposer les options ci-dessus, que ce soit à une municipalité ou un particulier.

Aussi, si vous avez du accepter des chats, vous avez le droit de les céder sans frais à une association qui a des familles d'accueil bénévoles.

Pour ne plus recevoir de plaintes ni de chats errants

Tous les jours, "Jardins félins" est consulté par des particuliers, des associations, des refuges, et des municipalités qui souhaitent aider les chats et leur communauté.

Allez de l'avant pour éliminer les bruits et la reproduction, en instaurant votre propre campagne de stérilisation.

Si votre refuge pas de subvention, vous pouvez orienter les personnes qui appellent au sujet des chats, vers une association qui propose une assistance pour la stérilisation de chats errants.

La stérilisation des chats soulage les personnels des refuges en diminuant le nombre d'entrées de chats errants, et de chatons.

COMPRENDRE LES COMPORTEMENTS DES CHATS

La plupart des chats sont apeurés dès qu'on les sort de leur territoire familier.

La peur peut les pousser à se montrer agressifs pour impressionner jusqu'à ce qu'ils s'habituent aux bruits et à la routine d'un nouveau lieu.

Il est normal qu'ils se défendent des inconnus après avoir été arrachés à leurs repères et enfermés.

Le chat ne mord pas si on le laisse se calmer, sans bruit de chiens ni froid, dans une ambiance chauffée où il se sente aimé (présence humaine régulière même si brève, mouvements du corps humain lents, nourriture humide), le temps qu'il faut pour que ce soit lui qui fasse le premier pas, pour qu'il se détende.

On peut comprendre qu'il n'y ait ni le temps nécessaire, ni le personnel disponible dans une fourrière ou dans un refuge plein à craquer, pour faire un travail de socialisation, et c'est en pareille circonstance que les chats peureux ou agressifs ne se laisseront pas être manipulés, mais vous pouvez les céder sans frais, à une association acceptant les chats émotifs à sociabiliser.

Un chat en état de panique, ou tapis dans un coin, ne peut pas deviner vos intentions.

C'est en lui donnant le temps et les conditions propices qu'il va remarquer votre langage corporel et votre attitude, puis se calmer pour révéler son caractère et sa façon d'exprimer de l'affection.

Plus au sujet des comportements des chats dans le livre "Comportements du chat" en vente sur foyerfelin.free.fr

RÉDUIRE LA PRÉVALENCE DE MALADIES

Le traumatisme d'être abandonné fait baisser les résistances internes chez le chat, le laissant fragilisé face aux agents pathogènes (virus, bactéries, champignons, etc.) omniprésents en nous tous, dans l'air et sur nos mains même lavées.

Dans un nouveau lieu, un chat malade ne va pas occasionner des signes d'infection chez les autres pourvu que ces autres ne soient pas stressés par leur environnement, qu'ils soient bien nourris et qu'ils ne soient pas d'une génétique fragile (comme les chats de races déformées comme les persans et les Sphinx, ou issus de générations de consanguinité).

Les facteurs excessivement stressants pour les chats sont les bruits de chiens aux environs proches, le froid et les courants d'air, les mouvements brusques et les voix fortes.

Vous trouverez davantage d'informations au sujet de la santé et de la nutrition dans le livre "**Chats, rétablir la santé !**" en vente sur foyerfelin.free.fr

VOS INSTALLATIONS

Les chats ont besoin de grimper en hauteur pour se sentir en lieu sûr afin de se calmer.

Les chats qui ont perdu leur maison ou sont âgés ont besoin de chauffage en hiver sinon leurs organes vitaux dépérissent.

D'autres peuvent se contenter de Chalets-chats étanches, contre pluie et vent, remplis de couvertures pliées au sol et vieilles laines (pouvant éventuellement être cousues fermées en bas et rembourrées dans les bras pour former un nid).

Les cabines murales de présentation aux portes de plexiglas aident pour encourager les adoptions, et servent aussi pour les chats en observation (nouveaux venus, ou en court séjour postopératoire).

AUGMENTER LE NOMBRE D'ADOPTIONS

Faites héberger un chat stérilisé par une boutique de livres d'occasion ou par un bureau où il sera à la vue du public, cela dans le but d'inciter l'envie d'adopter un chat adulte stérilisé (mais pas celui-là s'il se trouve heureux dans la boutique désormais).

"Trop jeune pour être stérilisé, c'est trop jeune pour être adopté." – je cite un vétérinaire chats de la protection animale américaine.

Pour éviter de se retrouver avec des chatons abandonnés nés de chatons que vous avez fait adopter, faites stériliser avant de faire adopter, autrement le nombre d'abandons continue à augmenter.

\# Le meilleur endroit pour réussir un maximum d'adoptions est une vitrine-refuge, en centre ville.

Les horaires publics doivent permettent aux personnes qui travaillent de venir rencontrer les chats à l'adoption.

Les heures les plus propices seront de 17 h à 20 h ou sur rendez-vous, sept jours sur sept.

\# Vous pouvez imprimer des dépliants d'informations utiles aux futurs adoptants pour les aider à préparer la maison en faisant Copie-Coller des rubriques "Adoptez adulte" et "Bien préparer l'adoption" du livre "Chats, résoudre les soucis de comportements" en vente sur **foyerfelin.free.fr**

\# Les cabines murales de présentation aux portes de plexiglas aident car elles rapprochent les chats des yeux des visiteurs.

\# Vos familles d'accueil bénévoles, si elles connaissent le protocole pour faire des adoptions, peuvent afficher dans les cliniques vétérinaires des posters couleur, imprimés à la maison.

\# Demandez aux journaux de vous réserver une colonne du journal local pour les chats à l'adoption.

Chaque semaine envoyez l'histoire résumée d'un de vos chats à placer, avec une photo, à la presse écrite locale.

RÉDUIRE LE NOMBRE D'ABANDONS

Proposez un service de conseils à l'intégration afin de garder un maximum de chats dans leurs foyers actuels.

Certains changements de l'environnement du domicile peuvent détendre le comportement d'un chat.

Une meilleure communication peut instaurer la complicité et rétablir une ambiance amicale.

Voir les chapitres "Socialisation", "Comportements", et "Intégration" du livre **"Chats, résoudre les soucis de comportements"**

Responsabiliser veut dire apporter les informations nécessaires pour résoudre les problèmes afin d'éviter les abandons.

Posez des questions pour trouver le fond du problème dans chaque cas particulier, puis voir les solutions dans **"Comportements du chat"** en vente sur **foyerfelin.free.fr**

Faites stériliser systématiquement avant de faire adopter, et ne gardez pas les chats de sexes opposés ensemble dans le refuge s'ils ne sont pas stérilisés.

Lorsque les chats adoptés en refuge sont stérilisés sans exception avant de partir dans leurs nouvelles familles, le nombre de chats tués ou "euthanasiés" sur ces mêmes secteurs diminue.

Exemple : La fourrière d'Alachua County a commencé en 1990 à stériliser même les chatons avant l'adoption ; leur taux d'euthanasie de convenance, c'est-à-dire le nombre de chats tués chaque mois dans leur établissement, a fondu en deux ans.

Pour être sûr de pouvoir stériliser les chatons sans danger, trouvez un vétérinaire spécialisé chats, avec tout l'équipement moderne pour l'anesthésie de chatons, chats âgés ou faible, et cochons d'Inde, et les éclairages spécifiques aux tables de chirurgie !

ENCOURAGER LE BÉNÉVOLAT

Soyez toujours à la recherche de "Familles d'accueil" (personnes capables d'accueillir des chats), prenez leurs coordonnées, et fait une visite préparatoire obligatoirement.

Ensuite vous pouvez les appeler pour leur amener un chat à socialiser, ou à rétablir lors d'un enlèvement par ordre de juge, ou un sauvetage de chat malade, ou sans domicile.

J'ai bien dis de leur en amener, car c'est l'occasion de voir que les autres chats du domicile y sont toujours et sinon d'en discuter pour savoir ce qui se passe afin d'éviter une autre tragédie.

Les familles peuvent éventuellement adopter les chats eux-mêmes, ou les placer avec les précautions d'usage, comme photocopier eux-mêmes les preuves d'identité et de domicile, et effectuer la visite pré-adoptive pour vérifier la motivation des adoptants et leurs préparations en vue de l'accueil et de la protection des chats.

\# Si vous aimez parler de votre mission vous pouvez proposer de parler de votre travail à toutes sortes de groupes de votre ville et finir à chaque fois en disant que vous trouvez toujours des trucs intéressants à faire selon chaque nouveau bénévole et de vous contacter le plus vite possible.

\# Les nourrisseurs des chats sont une ressource pour vous : Les aider à faire stériliser la dernière chatte qu'ils n'arrivent pas à attraper, va réduire le nombre de chats abandonnés au refuge.

Vous avez peut-être quelque chose qui leur manque pour s'occuper correctement des chats qu'ils nourrissent (exemple, des cages de capture que vous pouvez leur prêter).

\# Pour de meilleurs résultats avec vos bénévoles, demandez-leur une aide précise, avec un but spécifique auquel leur action va contribuer.

Exemple : "Vous allez pouvoir me suivre pour une partie d'une journée, de telle heure à telle heure, afin de participer à mes côtés et nous pourrons parler de ce que vous voulez faire localement dans votre ville pour répondre aux soucis dans votre voisinage concernant des chats dehors."

\# Proposez aux visiteurs de passer du temps avec les chats en précisant qu'il faut parler tout doucement dans le but d'aider à socialiser ceux qui sont stressés.

Ils peuvent en même temps lire le chapitre "Socialisation" du livre "**Chats, résoudre les soucis de comportements**" (3 euros sur foyerfelin.free.fr), assis au milieu de la pièce des chats.

Ces visiteurs aident les chats à être plus familiers avec les inconnus, afin de les donner plus de chance de se faire adopter.

Exemples de textes pour dépliants

1). Je suis votre contact pour tout souci de chat errant :

[Texte à copier et adapter à votre cas, pour la glisser dans les boites aux lettres de votre voisinage afin d'assurer la sécurité des chats] :

Nom du Contact :

Numéros de téléphone du Contact :

Si la présence de chats errants vous dérange ou si vous avez le moindre souci les concernant, nous avons les solutions pour vous satisfaire, c'est le moment pour être entendu.

En tant que bénévole de l'association [Jardins félins], je vous fais part de notre action de gestion de la population de chats errants.

La municipalité et les autres gestionnaires des lieux sont déjà au courant de notre action, ils peuvent aussi vous en parler.

Nos solutions sont anodines et offertes gratuitement.

Nous avons l'autorisation de nourrir les chats errants alors si vous nourrissez des chats dehors, entrez rapidement en contact avec nous car votre coopération est essentielle pour améliorer la vie des chats.

Notre action est pour faire cesser la reproduction de chats sans foyer, pour faire cesser les abandons et les meurtres de chatons et chats dans les fourrières et sur les routes.

Aux personnes qui nous assistent dans cet action, nous offrons des jeunes plantes de menthe à chats et des Chalet-chats pour votre jardin, ou de l'aide matériel et technique pour installer une clôture protectrice des chats.

Nul n'est censé ignorer la loi, il est illégale de donner les chatons non-identifiés, l'abandonnement est passable de 3000 euros d'amende, il est un crime de tuer les chatons, passable de deux ans en prison plus une amende de 30000€.

Il est donc de bonne sens de faire stériliser !

Posséder des chats stérilisés, accueillis ou adoptés, est la preuve de votre bonne santé mentale et de votre civilité face à la condition animale d'aujourd'hui.

Vous pouvez contacter l'administration de l'association [Jardins félins] pour une réponse à vos questions au sujet des chats, par téléphone ou email au […………………………….et ………..…………….…..]

2). Les fermes :

Les chats sont des animaux domestiques et ils ont vécu dans des fermes en Europe depuis des centaines d'années. La plupart d'eux ne sont pas considérés comme des compagnons, mais comme des ouvriers qui doivent "gagner leur vie".

C'est une erreur, car l'espèce a ses origines auprès des foyers humains au nord de l'Afrique durant la fin de l'âge de glace, en tant que compagnons bien avant le début de l'agriculture.

Voir la rubrique "L'histoire du chat, son origine".

Empoisonner les rongeurs augmente la population de rongeurs en tuant leurs prédateurs (empoisonnés lorsqu'ils mangent un rongeur agonisant).

Empoisonner est futile, contre-productive et une gaspillage d'argent.

Une équipe de chats est un arme écologique et économique contre les rongeurs.

Une équipe de chats stériles protège efficacement les bétails, des rongeurs et donc de la toxoplasmose (qui est transmise par les jeunes animaux malades, jamais par des chats stérilisés).

Les chats affamés n'ont aucune force contre les infections, ni pour chasser, et leur rapidité est diminuées par la faim.

La femelle qui a des chatons à nourrir a besoin de beaucoup de nourriture, or, elle ne peut plus chasser car ses chatons réclament sa présence.

Les chats ayant descendu d'individus affaiblis des chats sauvages forestiers, nourris et protégés auprès des foyers humains durant des milliers d'années au nord de l'Afrique.

Le chat est une espèce domestique car elle dépend de la proximité de l'homme bienveillant pour sa survie.

Rien à voir avec le chat sauvage (Felis sylvestre) qui pèse 4 à 10 fois plus et reste toujours hors de vue des humains dans les forêts ancestrales d'Europe centrale.

Le chat domestique, en ville comme à la ferme, souffre du froid et est génétiquement inadapté aux climats Européens.

Son désir de présence humaine et de chaleur est inscrit dans ses gènes.

Étant des animaux domestiques, les chats ont besoin d'être nourris, et d'être soignés lorsqu'ils sont malades.

Quand les chats sont stérilisés, on ne voir plus de femelle épuisée par des portées répétées, et on ne voir plus de chatons malades ou écrasés sur les routes.

La stérilisation est une intervention simple qui vous fait des économies comme :

¤ en grain et en foin que les rongeurs ne viendront plus manger ;

¤ en jeunes animaux herbivores qui évitent la toxoplasmose (plus de jeunes rongeurs dans les bâtiments) ;

¤ en nourriture (les chats mangent quatre fois moins lorsqu'ils sont stérilisés) ;

¤ en énergie nerveuse, car les chats stérilisés sont silencieux, propres et plus casaniers que les chat fertiles ;

¤ en réduction fiscale car vous comptez les frais vétérinaires dans vos frais d'exploitation ;

¤ en fidélité des touristes pour vos chambres d'hôtes, car ils apprécient de voir que vous ne négligez pas votre responsabilité civique de ne pas laisser reproduire des chats.

POUR LA CAPTURE :

La plupart des chats sur les fermes sont craintifs, alors vous pouvez demander assistance à une association d'aide aux chats comme Jardins félins pour la capture, le transport et les frais vétérinaires.

Après stérilisation, chaque chat se réveille dans un panier de transport confortable.

A moins que les nuits sont chaudes, les femelles devront rester une nuit dans un local chauffé ou hors sol dans une grange, car elles ont eu une anesthésie.

En commençant par les adultes, tous les chattes sur votre ferme seront stérilisées avant qu'une autre portée ne naisse, autrement le problème continu.

Sans doute, un jeune chat errant arrivera sur votre ferme un jour, il ou elle doit être capturé pour être stérilisé rapidement afin que la reproduction ne recommence pas.

Les chats femelles ont besoin d'être opérées même si elles sont "âgées", car elles peuvent encore faire des portées de chatons, multipliant le nombre de chats à stériliser.

La stérilisation sera également pour lui éviter de mourir de douleurs abominables en essayant de mettre bas à un âge avancé.

Contactez nous au [...] ou voir la liste des "Associations de proximité" sur le site internet **foyerfelin.free.fr/Associations.html**

3). Vous et les chatons :

"A donner, chatons, contre bon soins...." On le voit partout, dans les journaux, sur les panneaux d'affichage et sur les marchés, ... mais où sont les chatons de l'année dernière ?

Le plupart sont mort après être abandonnés dehors par les personnes à qui vous les avez donné puis tués sur les routes ou dans une fourrière.

1 sur 12 des chatons donnés aux refuges trouvent un foyer, les autres sont tués.

Les chatons naissent sensibles et pleins d'énergie pour la vie.

Les tuer est d'une cruauté absurde et condamné par la loi, et ces lois sont appliqués dans les pays les plus évolués.

Malheureusement a France traîne les pieds et même nombre de maires n'adhèrent pas aux lois de son pays !

Si vous ne pouvez pas vous occuper à vie des chats de votre chatte, inutile de la faire reproduire ! Et oui, les chats qui fréquentent votre territoire vont vous apporter des chatons, ne vous imaginez pas que le voisin ira les faire stériliser !

Seule moyen sûr d'éviter les dilemmes est de faire stériliser dès que vous percevez une chatte.

C'est un bon investissement, car la chatte stérilisée mange 4 fois moins et vous la verrez enfin heureuse et tranquille.

Les gens qui ont abandonné ("perdu", "pas gardé", "libéré" ou "donné") un chat, ne vont pas tarder à adopter un autre chaton !

Nul besoin d'être bon en maths pour comprendre qu'il faut stériliser pour ne pas causer des morts atroces de chatons !

Il n'existe nul part les humaines qui font 10 enfants par an, qui sont adultes 6 mois plus tard !

Des milliers de chats chaque année en France sont laissés aux SPA où les nouveaux sont tués car les adoptions sont rares (un sur douze).

Il est illégale de tuer des jeunes chats en bonne santé, et les vétérinaires devez refuser d'être complices de cette infraction.

Tous ces jeunes chats étaient les chatons "à donner" ou à vendre quelques mois auparavant.

Les comportements indésirables provoqués par les hormones de reproduction sont souvent l'excuse de l'acte d'abandon, car le plupart des personnes qui pense pouvoir offrir "bon soins" à un chaton n'ont pas calculé qu'il faut compter les frais de stérilisation !

Un chaton "donné" n'est pas sans frais !

Chacun a le droit de posséder des chats, mais pas d'en donner ni de tuer leurs chatons, il est donc le devoir de chacun de faire stériliser les chats qu'il nourrit.

Et le chaton qui trouve un foyer ? Il occupe une des rares places disponibles, laissant sans chance un autre abandonné dans un refuge qui sera tué car personne ne vient l'adopter.

Si vous avez trop tardé et une portée est arrivée, la solution est de garder vos chatons, faire stériliser votre chatte dans les deux semaines après la naissance des chatons, puis faire stériliser les chatons femelles dès six mois, les mâles à 9 mois d'âge.

Pour les frais de stérilisation vous contribuez si vous voulez, une association vous aidera à condition que vous êtes engagé à ne pas donner ni céder de chaton femelle sans qu'elle soit stérilisé. Si on est inondé d'eau, nous devons fermer le robinet et les fuites aussi, inutile de ne faire qu'éponger !

Passez ce message donc à les personnes qui mettent des annonces pour des saillies ou des placements de chatons.

On fait partie du problème si on ne fait pas partie de la solution. Pour ne plus être complice des vagues annuelles d'abandons et de tueries, faites stériliser les chats que vous nourrissez et partager ces informations.

Stérilisés ils vivront heureux, et ils seront contents de rester ensembles aussi.

Et vous ne serez plus jamais complice des trafiquants ou les abandons.

"Les chats trop jeunes pour être stérilisés sont trop jeunes pour quitter leur mère." -- Docteur Richard ALLEN (DVM).

Qui est venu chercher vos chatons ?

Ils ne vont pas vous dire si des membres de leur famille sont trafiquants ! Ils peuvent s'accompagner d'enfants pour mieux vous tromper.

Rappelez-vous qu'ils sont dans toutes les villes ces pourvoyeurs de trafiquants, à chercher les annonces " Chats à donner " pour les vendre aux trafiquants en route pour les usines de peaux et des laboratoires sadiques.

Ils vous disent tout ce que vous voulez entendre pour vous rassurer, ils racontent des histoires qui vous semblent vraies pour vous convaincre de leur "bonne foi" et "sérieux", mais ils ne vont pas dépenser sur le chat, ni sa santé, demandez un remboursement de la stérilisation à eux et vous verrez, c'est non.

Si vous ne voulez pas être rongé par le doute, ne mettez jamais des annonces de style "A donner.....".

N'achetez jamais des porte-clés en "fourrure de lapin", ni les gants de cuir, chaussures à doublure fine, bourses ou d'autres petits objets, ni des vêtements garnis de fourrure "de lapin".

On m'a aussi informé qu'il existe en France une filière de vétérinaires pourvoyeurs de chatons pour les laboratoires.

Un bon vétérinaire ne prendrait pas de chatons sans insister pour faire stériliser leur mère.

Les hormones de la reproduction occasionnent des angoisses, affament et poussent à vagabonder et à se bagarrer.

Les plaisirs dans la vie d'un chat sont pareil après qu'avant sa stérilisation : caresses, nourriture, soleil, jeux, observer leur monde.

Stérilisés ils sont plus joueurs, de bon humeur et plus proches de leurs amis humains et félins.

Si les personnes prêt à adopter sont rares, les moyens financiers encore plus. Est-ce que la personne veut ce chaton pour s'amuser aujourd'hui ou pour être son compagnon de tous les jours pendant les 25 années à venir ?

Si elle a des soucis de finances ou d'autres perturbations dans sa vie, est-ce que elle pense normale de l'abandonner ? Aurait elle un ami de confiance prêt à secourir le chat si la personne ne pour plus s'en occuper, ou souhaite partir en vacances ? Est-ce qu'elle a les moyens de vous rembourser la stérilisation (ou payer le vétérinaire) et de vous rembourser les frais d'identification obligatoire (il est illégale de céder un chats non identifié) ?

Toujours prendre les noms et adresses physiques avant de recevoir des gens pour les montrer un chat. Photocopiez leur identité avant de converser avec eux (car j'ai vu la réalité dans le regard fixe d'un enfant qui ne montrait aucun intérêt pour les chats car évidement il ne voulait plus jamais s'attacher ni en trahir de nouveau).

Vous trouverez en clinique vétérinaire les coordonnées d'une association à proximité pour vous aider à faire stériliser, pour la capture si les chats sont méfiants ou tout autre assistance pour des chats, nombre de ces associations sont sur la liste à **http://foyerfelin.free.fr/Associations.html** (site internet **foyerfelin.free.fr** rubrique **Associations de proximité**).

4). Une chatte de 6 mois

MINETTE A BESOIN D'ÊTRE STÉRILISÉE (vous non, je n'ai pas dis vous avez besoin, je parle de la chatte qui dit miaou !)

Imaginez la "sexualité" des hommes de caverne, les bagarres territoriales à la mort, les grossesses à la chaîne dans la peur d'une attaque, la forte mortalité à cause des grossesses.

Une chatte stérilisée est une chatte soulagée, libérée des contraintes et anxiétés de la maternité, de la faim aussi.

La chatte stérilisée, ne risque plus d'attraper la leucose ni le FIV (sexuellement transmissibles).

La stérilisation est un investissement pour l'avenir de sa santé.

Chaque semaine des milliers de jeunes et jolies chats sont envoyées à une mort forcée et illégale, dans les fourrières françaises, car il n'y a personne pour les adopter.

Même si votre chatte ne sort "jamais", vous devez quand même la faire stériliser :

1). Pour éviter les troubles de comportement, comme la malpropreté et les cris de frustration lors de ses chaleurs.

2). Pour renforcer sa résistance aux maladies mortelles.

La chatte opérée (stérilisée) vit beaucoup plus longtemps et ses poils sont plus jolis.

La stérilisation réduit les risques de cancer.

3). Car un accident est toujours si vite arrivé.

Votre chatte en chaleur, sous l'influence de ses hormones, ne songeant qu'à partir à l'aventure se glisse comme une flèche à côté de vos jambes et pourrait revenir 5 minutes plus tard, ENCEINTE !

Oui, cela arrive souvent. Mais toujours aux personnes encore ignorantes des bienfaits de la stérilisation !

Une chatte stérilisée perd son habitude dangereuse de vagabondage et encours moins de risque de se faire accidenté, fusillé, volé, tué par un chien errant, ... elle reste chez elle avec ses amis humains ou félins.

4). Les pilules contraceptives et les injections d'hormones sont cancérigènes : Elles provoquent inévitablement le cancer des mamelles, tôt ou tard.

La contraception chimique cause de nombreux déséquilibres métaboliques et psychologiques qui entraînent des effets indésirables graves.

Les symptômes de ces dérèglements ne sont pas immédiatement visibles, les dérèglements pouvant être camouflés durant des années par la compensation métabolique ou passer inaperçus chez les chats les plus stoïques et arrangeants.

Certains individus peuvent plus ou moins rapidement présenter un cancer avancé, souvent deux ans après une première utilisation.

Méthode souvent inefficace car la chatte peut ne pas toujours se présenter à temps pour sa pilule.

Les chatons de chats qui ont eu des contraceptifs chimiques sont souvent déformés, leurs têtes élargies empêchent la mise bas et causent la chatte d'agoniser et de mourir sans pouvoir regagner la maison.

Un grave pyromètre peut tuer une chatte même après une seule injection de progestérone.

5). Les chattes stérilisées ne perdent pas leur plaisir, au contraire, elles en ont beaucoup plus, car elles sont plus contentes, joueuses et attentives.

6). Une portée de chatons coûte 25 euros par semaine en nourriture. Faire stériliser est économique !

7). Il n'y a aucun avantage à laisser votre chatte faire une portée : au contraire, elle va souffrir inutilement, il n'y a que des désavantages.

Elle aurait de 3 à 6 chatons à la première portée et la fatigue d'une grossesse peut déclencher une dérèglement grave qui ne se serait jamais développée si vous aurez fait stériliser à 6 mois.

Il n'y pas assez de foyers pour tous les chatons abandonnés dans les refuges déjà, seulement 1 sur 12 est adopté. Le sort des autres est tragique.

Les personnes qui respectent les animaux de compagnie les font opérer afin de ne plus être complices de la misère engendrée par la surpopulation.

La stérilisation est une intervention routinière, brève et sans risque.

La chatte se réveille dans sa cage de transport très rapidement après l'intervention.

Ne tardez pas ! Pour stabiliser la population de chats sans tueries, il faut faire stériliser 99.99 % des femelles.

Une seule chatte non stérilisée donne naissance à environ 12 chatons par an.

Pour chaque chaton que vous "casez", un joli jeune chat est condamné à mort par manque de foyers d'adoption.

Changer cela dépend de VOUS car la source de problème est l'excès de naissance.

Une portée par chatte est trop pour que tous trouvent un foyer.

Vous êtes seul responsable des chatons, car c'est vous qui leur avez permis d'exister.

La mathématique est simple, le nombre de chats nés chaque année représente mille fois le nombre de foyers disposés à en adopter.

Pour que les chatons de votre chatte, **ou leurs chatons à eux** ne se fassent pas ôter leur vie à cause de la manque de foyers, faites vite stériliser.

N'attendez pas de savoir si elle est enceinte, l'important est de l'emmener vite.

Le vétérinaire fera le nécessaire mais s'il ne peut pas le faire immédiatement demander à une autre clinique.

Protéger les animaux de compagnie, c'est d'abord les faire stériliser, car avec le nombre qui naisse actuellement on n'arrive pas à sauver qu'un petit pourcentage.

On peut faire stériliser à 6 mois les femelles, les mâles attendent d'avoir neuf mois.

Pour s'en rappeler, c'est toujours "Les dames d'abord !"

Les chatons siamoises peuvent éventuellement tomber enceinte à 4 mois (certains types) et ne doivent donc pas aller dehors avant d'être opérées.

5). Une chatte errante

Les chats errants sont le résultat de l'abandon par des particuliers de leur responsabilité citoyen de faire stériliser les chats.

La présence de quelques chats stérilisés dehors éloigne les rongeurs plus efficacement que les poisons.

La solution contre les rongeurs en ville est le tri des déchets dans des containers couverts et fermés.

"Contre" les chats (pour ceux qui n'en veulent pas) il y a des associations de secours aux chats sans foyer, qui sont à contacter dès qu'un seul chat est vue dehors, afin d'éviter d'être rapidement inondé de chats (la reproduction multiplie la population par 10 en un saison).

Tout chat qui sort de l'habitation de son maître est "errant" aux yeux de la loi.

Les chats errants ne sont pas les chats "des autres" mais les vôtres car issus de la chatte que vous nourrissez (peut-être contre votre gré, mais c'est illégale quand même de fournir à manger à un animal errant). Une chatte est donc la vôtre dès lors que vous la nourrissez, et la loi oblige de faire stériliser vos chats, car c'est illégale d'occasionner la mort d'un animal domestique que ce soit exprès ou par négligence (comme laisser naître des chatons dehors).

Une association peut parfois régler les frais de stérilisation, effectuer la capture et le transport si vous ne pouvez pas le faire vous-même dans l'immédiat.

Pour faire de belles histoires, il faut agir.

Offrez-leur un endroit sec et étanche où dormir.

Une chatte sans maître vous fixe pour vous supplir de l'aider.

Il est probable qu'elle avait un foyer et à manger jusqu'à récemment.

Elle est perdue ou abandonnée par négligence ou indifférence.

Sans son foyer elle a faim, soif aussi !

Si elle est là à vous regarder, c'est qu'elle se demande si vous allez lui aider.

Elle mérite mieux que d'espérer avec la faim, le soif, le froid, sans savoir où aller.

Ne rien faire serait de rater une chance au bonheur.

Prenez une minute pour lui donner de quoi manger et de l'eau.

Elle appréciera votre présence bienveillante.

Ne la regardez pas fixement, elle ne saurait différencier une attitude agressive de votre curiosité, regardez plus haut comme si parfaitement à l'aise, et fermez à moitié vos yeux pour la regarder, elle sera plus calme.

Elle vous guette afin de percevoir les signes de vos intentions, elle sait déjà qu'il y a des humaines bons et des mauvais !

Les humains ne sont pas tous bienveillants alors les chats réservent leurs câlins pour ceux qu'ils ont appris à connaître.

Contactez une association d'une des liste sur internet, dites d'abord ce que vous pouvez participer car les associations sont beaucoup sollicité et réagissent mieux aux personnes qui ne demande pas d'enlever les chats mais de les empêcher de se multiplier.

Si vous ne trouvez pas d'association, contactez Jardins félins par émail à foyerfelin@gmail.com

Agissez ce jour même, car un chaton peut tomber enceinte à 4 mois !

La grossesse dure 64 jours.

Les chattes font des chatons en continu jusqu'à en mourir.

Les chats abandonnés sont attirés par instinct génétique vers les habitations humaines, à la recherche de protection et nourriture.

Les chats recherchent toujours l'être humain, car en trouver un de bon caractère est essentiel à leur survie personnelle.

Si une chatte a des chatons, mettez-les à l'abri si possible, sinon demandez à l'association de les prendre pour les placer en famille d'accueil.

Ainsi ils n'ajouteront pas au nombre de chats abandonnés.

Si vous avez un jardin :

Les chats errants dans un bâtiment désaffecté, espace vert, décharge ou entrepôt, vont être attirés par votre jardin et s'y réfugieront si vous mettez un abri étanche, sur briques, avec des lainages pour les aider à survivre.

Les chats deviennent calmes une fois stérilisés, pas d'odeur et pas de bruits, aussi la stérilisation permet de faire mieux apprécier l'animal dans la ville.

Vos chats n'auront pas de puces si vous y passez la balayette et lavez les laines chaque semaine en été.

6). Né pourquoi ?

Cet article concerne les particuliers avec une chatte non stérilisée, donc élevage clandestin à l'extérieur.

Personne n'a le doit de laisser naître des chatons dehors et saturer les foyers disposé à l'accueil de chats.

Le plupart des preneurs de chatons abandonnent le jeune chat pour ensuite adopter un autre chaton, ces personnes ne sont pas des maîtres, ils sont dans l'illégalité.

Ces chats abandonnés souffrent et meurent dehors à moins de trouver une personne qui pourrait les sauver en les prenant chez eux, mais les personnes si bon caractère ont déjà sauvé des chats !

Il y a aussi des personnes qui récupèrent des chatons donnés pour les vendre aux trafiquants de peau ou d'autre usages cruels et illégales.

Toutes ces horreurs sont occasionnées par ceux qui donnent leurs chatons comme on donne des bonbons ou les laissent se "gérer" tous seuls.

Loin d'être des bonbons, les chatons ont des besoins vitaux qui eux ne sont pas gratuits (panier transport, bac, litière, nourriture, soins vétérinaires, identification).

La stérilisation empêche qu'ils part errer dehors après leur puberté.

Si vous pensez avoir bien placé vos chatons, j'aimerais savoir où vous croyez qu'existent des humains qui se reproduisent aussi abondamment que les chats !

Même une seule et unique portée par chatte fait trop de chatons pour que tous puissent trouver un foyer.

Si les vôtres demeurent bien placés, d'autres ne le sont pas, car le nombre de places n'est pas extensible, simple mathématiques :

Fin de la première année : 13 vies dont votre chatte (la mère) + 12 chatons (dont 50% sont femelles).

Fin de la deuxième année : 97 vies dont 1 + 12 = 13 adultes : + 12 + (6 x 12 = 72) = 84 chatons.

Fin de la troisième année: 685 vies dont 13 +84 = 97 adultes : +12 + (6 x 12 = 72) + (42 x 12 = 504) = 588 chatons.

Fin de la quatrième année: 4 801 vies, dont 97 + 588 = 685 adultes : + 12 +

(6 x 12 = 72) + (42 x12 = 504) + (294 x 12 = 3 528) = 4 116 chatons.

Fin de la cinquième année: 33 613 dont 685 + 4 116 = 4 801 adultes : +12 + (6 x 12 = 72) + (42 x 12 = 504) + (294 x 12 = 3 528) + (2 058 x 12 = 24 696) = 28 812 chatons.

Fin de la sixième année :235 297 vies.

Dont, 4 801 + 28 812 = 33 613 adultes : + 12 + (6 x 12 = 72) + (42 x 12 = 504) + (294 x 12 = 3 528) + (2 058 x 12 = 24 696) + (14 406 x 12 = 172 872) = 201 684 chatons.

Fin de la septième année: 1 647 085 vies. Dont, 33 613 + 201 684 = 235 297 adultes : + 12 + (6 x 12 = 72) + (42 x 12 =504) + (294 x 12 = 3 528) + (2 058 x 12 = 24 696) + (14 406 x 12 =172 872) + (100 842 x 12 = 1 210 104) = 1 411 788 chatons!

Simplement, l'être humaine n'est pas reproductrice à six mois d'âge : Alors, où sont tous les chatons ? Tracez-les, et si vous appréciez le chat vous ferez stériliser toutes celles que vous nourrissez, afin de sauver les milliers de vies.

Vous pourriez proposer à une association qui s'occupe de chats errants que vous feriez foyer d'accueil pour chatons si vous voulez vous occuper de chatons. Appelez en disant que vous voulez être famille d'accueil pour chatons avec ou sans leurs mamans.

Souvenez-vous que les associations, refuges et fourrières se font remplir constamment de jeunes chats beau à souhait, avec des manières et caractères individuels, chacun unique, extraordinaire et adorable, mais beaucoup n'auront pas une chance d'être aimés car vous aurez saturé les possibilités d'accueil en distribuant vos chatons.

Pour réduire ou faire prendre en charge les frais de stérilisation prenez contact avec une association.

La stérilisation peut se faire quel que soit le stade de reproduction (si vous pensez qu'une chatte est enceinte, elle doit être stérilisée en priorité, avant les autres).

La prochaine fois que vous voudriez un chat, vous pourriez en adopter un qui est déjà stérilisé(e) en adoptant d'un refuge ou d'une association.

Parlez à vos amis et à vos voisins de votre satisfaction d'avoir fait stériliser vos chattes : la solution humaine et louable pour met fin aux abandons.

Libérée de l'esclavage des grossesses futiles, une chatte stérilisée est soulagée, joueuse, d'avantage jolie et affectueuse.

La stérilisation des chattes et des chatons est la responsabilité des personnes qui les nourrissent ou qui les voir dehors, vous devez appeler une association qui vous aidera à vous mettre en règle sans frais à votre charge à moins que vous pouvez faire une participation.

Assurez-vous que les chatons femelles sont stérilisées avant qu'elles ne fassent, elles aussi, une portée.

TRAPPAGE, TRANSIT et TERRITOIRE.

Rappel : ne jamais laisser une trappe tendue hors de votre vue.

Astuces de Trappage :

Quand vous voulez une chatte parmi plusieurs sur un même terrain, un astuce est d'utiliser le fait qu'elle a plus faim que les autres si elle n'est pas encore stérilisée.

En effet elle va avoir plus faim que les chats qui sont déjà stérilisés, donc, vous pouvez la trouvez seule en allant nourrir en avance de votre heure habituelle.

Tenez-vous à une heure précise régulière tous les jours pour le nourrissage afin que les chats soient au rendez-vous si vous ne voulez pas perdre votre temps à attendre pour poser le trappe.

Sachez d'avance que le temps va sembler long quand la trappe est tendue et la chatte prête pour son repas tourne autour.

L'astuce est de regarder un autre chat pour ne pas baisser votre garde ni la faire sentir visée.

Pour garder la trappe au coin d'œil, il est préférable de garder votre regard sur quelque chose au même distance de vous que la trappe.

Regarder un autre chat va le faire sentir visé et donc va aider à ce qu'il n'entre pas dans la trappe.

POST SCRIPT

Accéder à la demande, même silencieuse, d'un chat, vous donne le bonheur de vous savoir au bon endroit au bon moment.

Comment réagir quand on pense avoir détecté une situation critique ?

D'abord en ne se voilant pas la face, on respire en se remplissant complètement les poumons pour bien s'oxygéner, car cela calme et aide à prendre la bonne direction.

Il faut nommer les choses que vous voyez, les dire, et en parler, sur le tas, à un ami des chats de bon conseil ou un vétérinaire de garde.

Stoïques et optimistes, les chats font comme si tout allait bien, tant qu'ils peuvent.

Ils se cachent lorsqu'ils se sentent faibles, accablés par la douleur d'un dysfonctionnement, d'une blessure ou du froid qui envahit les corps affaiblis.

Malgré leurs souffrances, ils ne crient pas, et reste meut jusqu'à de ne plus arriver à gérer la douleur, puis ils appellent dans un cri de désespoir.

Une blessure grave peut empêcher d'accéder à l'eau et entraîner la déshydratation meurtrière.

Ne pouvant plus sauter un mur pour entrer à la maison, le chat va rester coincé là où il est, aussi tout chat trouvé blessé doit boire de l'eau sans quoi il doit être mis sous perfusion par un vétérinaire ou par un infirmier compétent.

Plus tôt l'on détecte un problème existant, plus grandes sont les chances de guérison et un minimum de séquelles.

Ne vous fiez pas au vétérinaire qui vous raconte que les chats trouvés errants sont différents des autres !

La valeur d'un chat est inestimable car elle dépend non pas de la beauté, ni du revenu de son sauveteur, mais du cœur de ce dernier.